CEUX DU 11e ÉTAGE

AMAURY GUILLEM

CEUX DU 11ᵉ ÉTAGE

Carnet de bord d'une famille catho en cité HLM

LES ÉDITIONS DU CERF
www.editionsducerf.fr
PARIS

Le témoignage que les auteurs apportent ici, les propos qu'ils tiennent, les opinions qu'ils partagent, n'engagent qu'eux et en aucun cas l'association pour laquelle ils travaillent.

www.editionsducerf.fr
24, rue des Tanneries
75013 Paris

ISBN 978-2-204-10261-2

Ceux qui sèment dans les larmes moissonneront dans l'allégresse.
Ils allaient et venaient en pleurant, tandis qu'ils jetaient leur semence :
ils reviendront avec allégresse, chargés de leurs gerbes.

Psaume 125.

Rez-de-chaussée

Mille quatre cent quatre-vingts.

C'est le nombre de marches que j'ai montées et descendues ce jour-là pour partir en vacances. Mille quatre cent quatre-vingts marches où j'ai ressemblé à un véritable baudet, portant les vélos des filles, les bagages des filles, les jouets des filles et les filles elles-mêmes. Un attelage désormais connu dans la cage d'escalier du bloc 43 de notre belle cité HLM. L'ascenseur est tout le temps en panne. Les gens ont pris l'habitude de voir passer les trois petites têtes blondes qui détonnent tant dans ce quartier. D'ailleurs, l'autre jour, on m'a dit « Tes filles, on dirait des petites Françaises ! C'est bizarre, ça n'existe pas les gens comme vous dans nos quartiers ! » C'est justement pour ça qu'on vient y habiter. Parce que c'est aussi nous, la France. On en reparlera.

Le jour des mille quatre cent quatre-vingts marches, ce n'était pas un dimanche, mais un mercredi. Mercredi des cendres. Ce fut même « mercredi descendre et monter ». Quoi qu'il en soit, le Carême commençait bien. En m'essoufflant dans un escalier ignoble, profitant de chaque marche pour murmurer « Seigneur, prends pitié » tel le pèlerin russe, j'ai pensé que c'était un bon jour aussi pour écrire les premiers mots de ce carnet de bord. Parce que notre plongée, en famille, au cœur d'une cité HLM marseillaise pendant trois ans, aura finalement ressemblé à ces quarante jours qui nous séparent de Pâques. On part toujours avec plein de bonnes résolutions, on se dit qu'on va tellement changer notre cœur que le monde en sera bouleversé, on est convaincu qu'on arrivera à tenir tout ce qu'on a prévu. Mais le temps passe et on se lasse. Et malgré la prière, et malgré la bonne volonté, on finit par ne plus pouvoir supporter l'urine dans l'ascenseur, quand il fonctionne, le bruit de la rue de la cité, les nuisances du trafic en bas de l'immeuble, le courrier qui n'arrive jamais, les coupures d'eau et les coupures d'électricité parce que les ouvriers qui refont l'avenue d'en bas sont incapables de faire un trou sans couper câbles et tuyaux, les gens du quartier qui n'ont que des problèmes et vont de galères en galères, les cafards qui arrivent toujours plus gros dans la cuisine,… Bref, on finit irrémédiablement sur la Croix du vendredi saint, en se disant que tout cela n'aura servi à rien, que le monde ne va pas mieux grâce à nous et que faire autant de sacrifices pour finir crucifié n'a vraiment pas d'intérêt.

Et pourtant, Dieu est là. Au cœur des souffrances, il fait goûter la joie parfaite. Au creux de la vague, il murmure : « Vous n'êtes pas seuls dans la tempête. » Et quand on s'énerve un peu trop, il nous rappelle paternellement : « De toute façon, c'est moi qui vous ai voulus ici. Arrêtez de vous poser des questions ! »

Alors ne nous en posons plus. Oui, nous sommes inutiles et nous n'arrivons à rien faire. Mais nous sommes à la place qu'Il a choisie pour nous et nous n'avons pas à mesurer les fruits que nous portons. Nous réalisons que, hors de Lui, nous ne pouvons rien faire. Mais que Lui, à travers notre pauvre et simple présence peut faire des miracles à condition que nous gardions l'espérance. Aussi inutiles que Marie au pied de la Croix, nous essayons alors de tenir bon. Et si nous nous écroulons, d'autres nous soutiennent et nous remettent debout.

Puis vient le dimanche, la victoire, la lumière, la Résurrection. L'inattendu. L'impossible. Et l'on se rend compte combien Dieu est présent, à nos côtés, et comment il nous fait avancer, comment il prend soin de nous. Nous voyons agir Sa force dans notre faiblesse. Nous n'avons qu'à Le laisser passer au monde.

C'est pourquoi, bien humblement, nous vous partageons, le temps de ces quelques pages, de ces quelques rencontres, de ces quelques étages parcourus ensemble, nos aventures en cité HLM dans les quartiers nord de Marseille. Des aventures qui nous dépouillent de nous-mêmes et nous poussent à laisser toute la place au Bon Dieu. Qui, alors, fait des miracles à tour de bras. Et c'est cela qui nous anime : vous rapporter ce qu'Il a fait comme prodiges. Vous annoncer, comme le dit saint Jean dans son épître, ce que nous avons entendu, ce que nous avons vu de nos yeux, ce que nos mains ont touché. Mais, attention, comme dit l'ange Boufaréou :

> Les miracles, on ne peut pas vous les raconter tous. D'abord, parce qu'il y en a trop. Ensuite, parce que le Bon Dieu, il aime bien faire plaisir, mais ça l'agace quand on le crie sur les toits.

Étage 1

L´appel de saint Joseph

Le premier miracle, c'est quand même d'avoir réussi à nous faire quitter notre petite vie bayonnaise bien sympathique pour les HLM de la cité phocéenne où s'enchaînent les règlements de compte sur fond de trafic de drogue. Pour nous, c'était au Pays Basque qu'était « plus belle la vie ». La montagne et la mer, la France et l'Espagne, la gastronomie, les burgers au foie gras et piment d'Espelette sur les bords de Nive, les bouclages tendus au journal suivis par le rituel de « la » clope de la semaine, notre appartement en duplex sous les toits de la rue Pannecau, les escapades chez Oteiza aux Aldudes, la naissance de nos filles, les jolies rues pavées, les gens polis et accueillants, les Basques si fiers, les processions de la Fête-Dieu où le sous-préfet, représentant de la République laïque, défile aux côtés du curé, les frontons et les parties de pelote, la dégustation d'un Izarra Lemon devant le Rocher de la Vierge, l'adoration perpétuelle instaurée par Mgr Aillet, les matchs de l'Aviron à Jean Dauger, bref, la vie. La vie dont on avait tant rêvé. Idyllique. Si bien qu'en la trouvant, on s'est rapidement demandé si on la méritait vraiment. Pourquoi nous, pendant que d'autres continuent leurs vies de misère, sans revenus, sans travail, sans vacances, sans campagne, sans terre, sans ciel, sans rien sauf la conviction qu'ils n'ont du prix aux yeux de personne ? La vie était trop belle là-bas pour qu'elle dure trop longtemps. Il ne fallait pas que ça se prolonge, au risque de finir par oublier qu'il y avait « autre chose ».

Nous ne sentions pas à l'aise de prier chaque dimanche aux intentions du monde sans prendre du temps avec le SDF à la sortie de l'église. Ni d'entendre à l'envi : « Aimez-vous les uns les autres », en nous contentant d'aimer ceux qui nous aimaient (« Les païens eux-mêmes n'en font-ils pas autant ? » [Mt 5, 48]). Ni de demander au Bon Dieu, lors des bénédicités récités trop machinalement, de procurer du pain à ceux qui n'en ont pas, sans donner plus de deux boîtes de conserve par an à la Banque alimentaire. Tout ce bonheur apparent que nous vivions nous rendait heureux, mais ne nous comblait pas. Il manquait ce petit quelque chose qui fait goûter la joie parfaite ; cette joie d'autant plus profonde qu'elle est passée par quelques douleurs surmontées avec la grâce de Dieu. Tout était facile, même si nous ne roulions pas sur l'or. Mais malgré cela, cette existence nous semblait encore vide de quelque chose d'essentiel.

Partir en coopération avec une des ONG cathos à la mode ? L'idée nous tentait, mais Marie-Alix était déjà partie au Liban ; quant à moi, j'avais voyagé une année entière pour faire des reportages sur des projets de développement. En outre, nous avions cette conviction très forte qu'il n'y a plus besoin de partir à l'autre bout du monde pour aider les plus pauvres. Que les plus pauvres du monde sont chez nous. On peut le déplorer, on peut en faire l'amer constat, on peut n'en avoir rien à faire et continuer sa vie, mais nous, nous n'avions pas l'esprit tranquille : le monde entier, avec ses cultures, ses religions, ses traditions, est désormais en France, terre chrétienne pour certains et donc terre d'accueil, terre des Droits de l'homme, de la Liberté, de l'Égalité, de la Fraternité pour d'autres, et à ce titre terre d'asile. Et ce monde de chez nous, ces pauvres des pays pauvres (car ceux qui vivent correctement dans leur pays d'origine n'émigrent pas et ce sont les pauvres de là-bas qui viennent tenter leur chance en Europe), ces « périphéries » vers lesquelles, quelques mois plus tard, le pape François nous exhorterait à aller, nous nous sentions appelés à les rencontrer. Personnes handicapées, des sans domicile fixe, elles étaient tout autour de nous et nous avions l'impression d'en prendre conscience de façon soudaine.

Était-ce notre vie facile qui nous faisait réaliser cette misère ? Étaient-ce nos heures hebdomadaires d'adoration qui nous rendaient plus dociles au vent de l'Esprit et à l'écoute de l'Évangile ? Je n'en sais rien, mais, au fur et à mesure de notre séjour basque, cette réalité s'éclairait. On ne parvient à discerner un objet qu'en s'en éloignant un peu : peut-être nous avait-il fallu quitter nos vies parisiennes, pour Marie-Alix, et marseillaise, pour moi, pour réaliser la nécessité d'un engagement plus radical au cœur de ces mégalopoles où les immenses richesses dissimulent les non moins immenses misères. L'appel à un engagement radical montait en nos cœurs, même si nous ne savions pas encore quelle réponse lui donner. Nous avions déjà quelques critères : que ce soit en France, car nous voulions nous mettre au service des pauvres « de chez nous » ; que cet engagement, dans sa radicalité, laisse une large place à la messe et l'adoration, parce que nourris au biberon de Jean-Paul II et Benoît XVI, nous savions qu'il n'y a pas de mission sans contemplation[1] ; qu'il soit

1. « Le missionnaire doit être un contemplatif en action. La réponse aux problèmes, il la trouve à la lumière de la parole divine et dans la prière personnelle et communautaire. [...] Le missionnaire, s'il n'est pas un contemplatif, ne peut annoncer le Christ de manière crédible », JEAN-PAUL II, *Redemptoris Missio*, n° 91. « L'évangélisation authentique naît toujours de la prière et est portée par la prière. Il nous faut d'abord parler avec Dieu pour pouvoir parler de Dieu », BENOÎT XVI, 28e Journée mondiale de la jeunesse, 18 octobre 2012.

possible de vivre cet engagement en famille, avec les précautions que cela demande.

Finalement, le tri entre les quelques idées qui nous venaient se réalisa assez facilement. Lors de mon année de reportages, j'avais passé trois semaines en immersion dans une cité du Val-de-Marne, pour mettre en images la vie de quelques chrétiens un peu fadas qui avaient fait le choix de venir vivre au cœur de ces barres HLM, pour partager le quotidien des habitants, mettre en place des actions éducatives et sociales et assurer une présence de prière et de compassion. J'avais été particulièrement touché par cette dimension d'immersion, qui était pour moi une réponse innovante apportée à la crise des banlieues. Comme n'importe quel ado qui embête ses parents pour leur rappeler simplement qu'il existe et qu'il a envie d'être aimé, les ados de ces cités ne demandent-ils pas simplement un peu d'amour de la part d'un pays qui ne leur apporte rien ? Certes, il apporte, il rapporte même, si on mesure ça aux montants des différents plans Banlieues et autres tours de magie politiques, aux montants des subventions accordées et prestations sociales versées. Mais la France ne leur apporte rien ou presque de son histoire, de sa culture, de son patrimoine, de ses grands hommes et de ses grandes femmes, de sa langue. Alors ils gueulent, parfois violemment, parce qu'ils attendent de cette France un peu d'amour. Or, comment mieux prouver son amour à quelqu'un que de venir partager sa vie ? C'est ce qui se passe quand deux amoureux s'aiment assez pour habiter sous le même toit. C'est qui se passe quand sœur Emmanuelle décide de s'installer chez les chiffonniers du Caire. C'est ce qui se passait avec ces jeunes catholiques du 9-4 qui pouvaient ainsi dire aux habitants de leur quartier : « Tu comptes tellement pour moi que je suis venu habiter chez toi, partager ta vie, et te dire que tu es aimé. » Et ça changeait des vies : le simple fait de se savoir aimées redonnait confiance à certaines personnes désespérées. Écouter, accueillir, ne jamais juger, rire ou pleurer ensemble, dire « Tu n'es plus seul dans ta misère, je suis venu la porter avec toi », cette compassion si rare et pourtant essentielle, ces chrétiens la vivaient toute la journée et même la nuit parfois, lors de leurs tournées de halls auprès des grands jeunes désœuvrés.

« Les personnes ont besoin de professionnels, mais surtout de gens qui les aiment », affirme Jean Vanier, fondateur de l'Arche. Nos frères handicapés, nos sœurs âgées et malades, nos pauvres, nos prostituées, nos jeunes délinquants sont entourés aujourd'hui d'assistants sociaux, d'éducateurs, de juges pour enfants et d'acteurs nombreux qui, au nom du Conseil général, de la PJJ ou autres institutions, interviennent, les accompagnent, les orientent vers des formations, les suivent dans leur vie extrascolaire, les placent en foyer, etc. Toute cette organisation est formidable et notre société, si blessée, en a besoin. Des professionnels, il en faut et il y en a. Mais les familles ne trouvent pas toujours en eux des cœurs à qui se confier. Parce qu'elles ne veulent pas d'une personne qu'on leur impose. Parce qu'à 11 heures du matin, elles ne seront peut-être pas prêtes à vider leur sac, mais à 19 h 30, oui. Mais à 19 h 30, il n'y a plus personne dans les bureaux. Parce que, n'en déplaise à certains professionnels qui s'interdisent de parler d'amour, les familles ne veulent rien entendre d'autre que « Oui, vous avez du prix à nos yeux ! Oui, on vous aime ! » Alors, malgré cette agitation autour d'elles, elles restent parfois seules dans leur misère. Quel paradoxe que cette société qui, jamais, n'a proposé autant de services et d'aides aux personnes et dans laquelle jamais la solitude des pauvres n'a été si grande !

C'est à tous ces manques d'amour que ces jeunes chrétiens tentaient de répondre, par une présence simple auprès des habitants, par des visites de famille, par des activités pour les enfants et les adolescents qui venaient frapper à la porte, par des temps de rencontre entre mamans, par des repas partagés, etc. Ils parlaient peu, écoutaient beaucoup, pleuraient ou consolaient parfois, et priaient. Ils avaient un temps d'adoration et la messe chaque jour. Là, ils puisaient la force dont ils avaient besoin pour poser sur chaque personne le regard de Jésus et les aimer comme Lui les aime, de façon inconditionnelle. Avec ce luxe inouï, non seulement de remplir leur réservoir d'amour quotidiennement, mais surtout de pouvoir le vider complètement, sans nul besoin de faire quelque réserve... sûr de faire à nouveau le plein le lendemain matin. C'est là toute la richesse d'une vie qui mêle contemplation et action auprès du cœur de Jésus, source intarissable : on peut y puiser sans cesse sans jamais l'assécher. Et ainsi redistribuer cet amour gratuit autour de nous, sans en garder un gramme. Eau de Vie, à volonté.

Cette mission immergée au cœur de la cité, où des semeurs d'espérance remuaient ciel et terre pour que les cœurs s'ouvrent, m'avait profondément touché. Les banlieues meurent de manque d'amour. Et bâtir, à l'appel de Jean-Paul II, la civilisation de l'amour au cœur de ces quartiers abandonnés m'était apparu comme une réponse plus pertinente que bien des politiques menées jusque-là. Je gardais un souvenir ému de mes trois semaines chez Louisa. Elle m'avait accueillie dans son minuscule appartement parfumé aux saveurs des Antilles, avec une joie profonde et une générosité sans borne. J'étais pris par l'enthousiasme de l'Européen qui part pour la première fois aider dans un dispensaire en Afrique et qui goûte, au cœur de la misère, une joie aussi simple que profonde. Sauf que là, j'étais en France, à 30 minutes de RER de chez moi. J'étais tombé amoureux de la cité et m'étais promis d'y revenir un jour. Même si, à l'évidence, une barre HLM est moins exotique qu'une case sur le Mékong. Pourtant, le Mékong ne m'attirait plus depuis que j'avais découvert la banlieue de France.

L'idée ne m'avait jamais vraiment quittée. Entre-temps, Marie-Alix et moi nous étions mariés, nos deux premières filles étaient nées et la troisième grandissait *in utero*. Aller vivre en cité devait devenir un projet de couple et de famille ; cela mit quelques années pour mûrir. On ne part pas s'installer avec femmes et enfants au cœur d'une cité HLM, à la va-vite. Nous étions assez inquiets par l'absence de sécurité dans la cité, par les écoles que nous pourrions trouver pour nos filles, par l'éventualité d'emménager dans un appartement où tout serait à refaire, par la crainte de retrouver notre voiture brûlée un matin, etc. En réalité, toutes ces questions ne trouvèrent guère de réponse satisfaisante, mais l'appel était trop fort pour que nous puissions y résister. En outre, nous étions tous les deux de plus en plus perplexes quant à la situation de ces banlieues où se concentraient tous les problèmes – chômage, dégradation du cadre de vie, mal logement, trafics en tous genres, repli communautariste, intégrisme religieux – de notre société française du

XXIᵉ siècle et n'arrivions plus à faire comme si cela n'existait pas. En tant que citoyens français, nous nous sentions le devoir de nous mettre au service de notre pays pour apporter notre minuscule pierre à ces ensembles HLM qui s'écroulaient. En tant que chrétiens, nous ne pouvions vivre plus longtemps en fermant les yeux sur tous ces prochains que le Christ nous demandait d'aimer plus que nous-mêmes. Enfin, en tant que journaliste, je ne supportais plus le traitement réservé par les médias à tous les sujets touchant à la banlieue. Je voulais le découvrir de l'intérieur. Nous portions donc ce désir dans la prière. Un jour, ma femme revient de l'adoration et me lance : « Allez, on lâche tout et on y va. »

☆

Quelques jours après, je passe un coup de fil au directeur de l'association, lui annonçant notre désir de rejoindre la mission. Mais je lui partage surtout mes craintes, auxquelles il essaie de répondre tant bien que mal. Puis il me dit : « Priez pour bien discerner, et moi aussi je prie pour vous. » Il me fait comprendre par là le plus important : que cette mission soit une réponse à un appel que Dieu met dans nos cœurs, plus qu'à une envie soudaine de changement professionnel. Nous continuons à prier mais en secret : nous ne parlons à personne de nos projets, soucieux de garder toute notre liberté dans notre discernement. Il nous faut cependant mettre dans la boucle de notre réflexion quelqu'un qui puisse nous éclairer. Nous décidons de faire une neuvaine à saint Joseph, lui qui a toujours été d'un grand secours pour nous. Nous la commençons le 10 mars, pour la terminer le jour de sa fête, en demandant au charpentier du Ciel un petit signe qui nous fasse connaître la voie à suivre. Le dernier jour de la neuvaine, en sortant de la messe, je reçois un appel.

– Bonjour, c'est E., on s'est appelé l'autre jour à propos de votre éventuel engagement.

– Ah oui…

– Je voulais juste te dire que nous avons fait le point pour l'année prochaine et on a besoin d'une famille responsable d'antenne. Donc si vous êtes disponibles, on vous attend.

– Ah oui…

Je raccroche un peu perplexe, désormais sûr que le Bon Dieu nous appelle à tout quitter pour partir en cité… sans que rien ne soit plus clair qu'avant. La sécurité pour ma famille, les écoles, le départ de Bayonne à organiser direction… on ne sait pas où. Il faut oser le grand saut. Décoller sans savoir où nous allons atterrir. Mais nous avons demandé un signe et la réponse est très claire. J'appelle ma femme :

– Je viens d'avoir Saint Joseph au téléphone…
– Et il a dit quoi ? me demanda-t-elle amusée.
– Qu'il y a besoin de monde pour la mission. Dès septembre.
– Bon, et bien, je crois qu'il faut y aller…
– Je crois.

Dans notre cœur, la décision est prise. Une semaine après, j'annonce à mon directeur que je démissionne. Il manque de s'étrangler en mangeant son omelette avant de me dire : « Je suis heureux que vous vous soyez senti libre de faire ce choix. Si j'avais votre âge, j'aurais fait pareil. » Un mois plus tard, les cartons sont faits et nous partons pour trois semaines de formation. Nous venons d'apprendre notre destination : les quartiers nord de Marseille.

☆

Marseille, la « ville des bêtises », selon notre aînée. Quelque temps après notre arrivée, un vendredi après-midi où je vais la chercher à la sortie de l'école, je passe devant la « mosquée », ou plutôt, le Taxiphone qui fait office de salle de prière. Les hommes viennent de terminer. Ils sont tellement nombreux pour cette pièce de 20 mètres carrés qu'ils sont tous dehors. Il fait beau. Les jours de pluie aussi, ils prient, dehors. Quelques adolescents, sans doute peu intéressés par la chose spirituelle, « jouent » : ils se lancent des pierres et des canettes pleines. Obligé de traverser leur terrain de jeu, qui n'est autre que le parking où je me gare, je prie le ciel qu'un de leurs projectiles n'arrive pas sur le pare-brise de ma voiture. Je récupère ma fille et, lorsque nous sortons de l'école, ils sont toujours là. Jets de pierre, lancement de canettes à hauteur de visage (parce que si on ne vise pas la tête, ce n'est pas drôle.)

– Oh, tu as vu ces coquins, ils lancent des pierres !, dis-je, avec un air rassuré, alors que je ne le suis que moyennement.
– Oh la la, et aussi du coca !, répond-elle, sans paraître plus inquiétée que cela, alors qu'une canette vole au-dessus de notre tête.

Je continue de faire comme si tout va bien, tentant de cacher ma crainte de voir nos têtes déformées d'une seconde à l'autre… Et ma voiture ? Non, elle est intacte. Alors que nous y montons, les jeunes courent autour pour éviter les jets de leurs collègues. J'ai le sentiment étrange – et heureux – que les anges gardiens font comme une bulle protectrice autour de nous : nous aurons finalement traversé ce champ de tir sans être frôlé par le moindre projectile.

Tu vois, les petits anges qu'on prie tous les matins pour qu'ils veillent sur nous, ils nous protègent bien !

La grande rue qui descend jusqu'à notre cité étant en travaux, je passe par des petites traverses… qui me font longer la déchetterie. Elle est en grève. Et comme par excès de zèle, les grévistes, non contents de ne pas travailler, ont pris un malin plaisir à déverser tous les déchets sur la route. Nous traversons cette mer noire, marron, moisie, à pieds secs, certes, mais avec, de part et d'autre, des murs d'immondices.

Dis donc, papa, entre le coca, les pierres et les poubelles, je crois que Marseille, c'est vraiment la ville des bêtises.

CHRONIQUES DE L'ASCENSEUR

– Épisode 1 –

Première matinée dans la cité. Nous arrivons avec notre déménagement. Nous sortons tous nos cartons de la camionnette de location et les posons consciencieusement dans le hall. Une fois le déchargement terminé, nous appelons l'ascenseur. Il est en panne. C'est le week-end, la société de dépannage ne répond pas.

C'est parti pour 11 étages à pied, avec tous les cartons, les lits, le canapé, les vélos, le balai, etc.

Bienvenue dans la cité.

Étage 2

« Vous, les Français... »

Visite de famille dans la cité, pour nous présenter à nos voisins. Dire qui on est. Expliquer pourquoi on vient s'installer ici de notre propre gré. Non pas montrer patte blanche, quoique..., mais simplement faire connaissance. On avait trop fait l'expérience de ces immeubles où l'on ne connaît pas son voisin de palier pour arriver dans notre cité sans faire cette démarche. Si l'on vient pour assurer une présence, tisser des relations de confiance et d'amitié, faire du lien social, autant commencer dans notre bloc. On sonne. La porte reste fermée. Pourtant, on entend du bruit de l'autre côté, on comprend qu'on nous observe par l'œil-de-bœuf. Personne n'ouvre. On sonne encore. Et encore. On sait qu'il y a quelqu'un. On comprendra, au fur et à mesure des nombreuses visites à domicile, qu'il faut bien sonner trois ou quatre fois pour que les portes s'ouvrent. C'est d'ailleurs à ça que les gens nous reconnaissaient à la fin. C'est ce que nous dira

Aurélia, plus tard : « Quand vous sonnez, on sait tout de suite que c'est vous, car vous sonnez super longtemps ! » Ce jour-là, c'est la première fois que nous la voyons. Elle nous ouvre la porte. Derrière elle, se tient sa meilleure amie, Maria :

– Bonjour, nous sommes les nouveaux de l'association du quartier. On a trois filles et on habite au bloc 43.

– Ah. Mais pourquoi vous venez habiter ici ? demande-t-elle interloquée.

– Pour connaître les gens du quartier, créer des liens de confiance et d'amitié. Ensuite, on met en place des activités.

– Oui mais vous êtes fadas, ici c'est horrible, vous ne méritez pas de vivre ici.

– Pourquoi dis-tu ça ?

– Parce que vous êtes des Français. Normalement, les gens comme vous, ça vit dans des villas !

Nous n'en croyons pas nos oreilles.

– Mais personne ne mérite de vivre ici, dans ces cages à lapin.

– Si, vé, moi je suis arabe, et elle (en désignant Maria), c'est une gitane. On n'est pas Françaises. Mais vous, c'est pas normal.

– Et bien justement, il n'y a aucune raison que les arabes et les gitans pensent que leur vie ne peut être qu'ici, sans jamais croiser les Français des belles villas ! Moi, mes parents ont une villa, c'est vrai. Mais tu vois, je n'avais pas envie de rester là-bas, bien au chaud, j'avais envie de rencontrer les gens qui vivent ici.

– Pourquoi ?

– Parce que je suis sûr qu'on a plein de choses à s'apprendre. Et quand je parle avec toi, je me dis que j'ai bien fait de venir...

Tout au long de notre immersion en cité, nous garderons une belle relation avec Maria et Aurélia. Elles nous en auront fait baver, et notre vie ici n'étant pas terminée, peut-être nous préparent-elles encore des belles surprises pour demain. Mais nous gardons d'elles quelques perles, comme ce soir de Noël, où nous les croisons dans la cité. Elles reviennent de la boulangerie où elles ont acheté des pizzas.

– Justement, on parlait de vous, lance Aurélia.

– Ah bon, et vous disiez quoi ?

– On disait que vous étiez trop sympas, parce que grâce à la fête de Noël que vous avez organisée cet après-midi, on a rencontré des gens de notre bloc. Avant, on les détestait alors qu'en fait on ne les connaissait pas. Et aujourd'hui, on s'est rendu compte qu'ils étaient *tarpin* gentils. En fait, vous, vous nous aidez à mieux connaître les gens de notre quartier et à mieux vivre ensemble.

Je suis tellement touché par ces quelques mots que, bravant les interdits qui s'imposent désormais à un adulte quand il est avec des ados, je les prends dans mes bras et leur dis :

– Merci les filles, c'est très beau ce que vous dites. Nous aussi, on vous aime !

– Vous nous aimez ?, s'inquiète en riant Maria.

– Oui, on vous aime !

– Oh, merci !, termine Aurélia, qui, si elle n'avait pas eu sa peau mate, aurait peut-être rougi.

La jeune gitane continue.

– Mais du coup on voulait s'excuser.

– De quoi ?

– L'autre jour. On vous a fait criser, on a été trop méchantes.

☆

« L'autre jour », c'était en fait deux mois et demi auparavant, alors que nous venions d'arriver dans la cité et avions organisé une excursion pour les filles à la Sainte-Baume. Elles avaient en effet été exténuantes, notamment pour l'ascension jusqu'à la grotte qui demande normalement 45 minutes. Nous avions mis 2 h 30. Une des filles avait feint une crise d'asthme, quelques autres nous avaient faussé compagnie et s'étaient perdues, d'autres encore n'arrêtaient pas de nous insulter en disant que cette balade était la plus nulle qu'elles n'avaient jamais faite. L'horreur. C'était notre première sortie avec elles. On m'avait prévenu que les jeunes nous testeraient. Mais là, je craquais… J'avais fini par sortir de mes gonds à un moment en leur rappelant que, pour leur offrir cette journée hors du quartier, au grand air, dans un magnifique endroit, j'avais laissé seules ma femme et mes filles enfermées dans notre minuscule appartement. Ce à quoi Maria avait répondu :

> Tu nous saoules avec tes femmes, on n'en a rien à foutre, ici c'est pourri, on a froid, et dans la cité aussi on a une belle vue et on est au grand air quand on se met sur le balcon. Pas besoin de venir ici, ça craint trop.

Bref, nous étions arrivés tant bien que mal en haut, dans la grotte de Marie-Madeleine, où nos ados rencontrèrent deux jeunes filles un peu hippies, qui vivaient dans un camion et passaient d'un lieu spirituel à l'autre à la recherche des bonnes ondes qui s'en dégagent. Des filles un peu perchées, mais qui avaient engagé des discussions plutôt intéressantes avec nos jeunes, les invitant à ne pas s'attacher aux apparences, à vivre simplement ou encore à ne pas courir après l'argent.

Un message plein de bon sens, certes, mais bien maigre par rapport à celui que nous avions prévu. En venant à la Sainte Baume, c'est l'histoire, le patrimoine, le bijou géologique de Provence que nous voulions faire découvrir. La Sainte-Baume, c'est le lieu de la mort de Marie-Madeleine, ancienne prostituée que Jésus ne jugea pas quand tous voulaient la lapider et qui, dès lors changea de vie et Le suivit jusqu'au pied de la Croix. C'est à elle qu'Il apparut au matin de Pâques, c'est elle qui la première Le vit ressuscité. Envoyée par Jésus annoncer qu'Il est vivant, celle qu'on appellera l'Apôtre des apôtres quitta son pays et s'embarqua avec Lazare et d'autres femmes, pour aller annoncer la Bonne Nouvelle aux contrées lointaines. La légende raconte qu'ils débarquèrent en Camargue, en un lieu appelé par la suite les « Saintes Maries » de la Mer, que Lazare devint le premier évêque de Marseille et que sainte Marie-Madeleine, après avoir évangélisé la Provence, se retira dans une grotte (en provençal, « baume ») où elle ne mourut pas mais fut enlevée au ciel par des anges.

Il y avait donc, dans ce lieu, un intérêt culturel, historique, spirituel évident, pour des jeunes filles de Marseille, qu'elles soient gitanes ou musulmanes. Certaines avaient même demandé à assister à l'office pour voir comment les sœurs priaient.

L'office a sans doute été plus agité que d'ordinaire ! Je ne sais finalement pas ce que nos ados auront plus retenu de cette journée, les bonnes fées hippies, l'horreur de l'ascension dans une montagne orientée plein nord où, effectivement, la forêt était très humide et où il faisait froid, la vie de la sainte, la prière avec les sœurs ou l'heure d'équitation qui suivit, mais l'Esprit souffle où il veut. Nous semons et après, plus rien ne nous appartient. Dieu seul connaît ce qui se passe dans les cœurs. La seule chose que je sais, c'est que deux mois et demi plus tard, j'ai croisé Aurélia et Maria avec leurs pizzas sur les bras, que c'était le soir de Noël et qu'elles m'ont fait le plus beau des cadeaux en me demandant pardon d'avoir été si dures avec nous, parce qu'en fait, « on vous aime trop ».

☆

Maria et Aurélia font partie de ces adolescentes nées dans la cité, qui sont allées à l'école de la cité, puis au collège de la cité et font leurs courses au supermarché de la cité. Bref, elles n'ont, jusqu'à ce jour, jamais eu besoin de sortir de ce ghetto qui petit à petit s'impose à elles. Elles se trouvent en sécurité à l'intérieur et en sortir les met en danger. Chose étonnante, pour nous qui voyons justement ces grands ensembles HLM comme un coupe-gorge dans lequel il ne faut pas entrer et nous sentons bien plus en sécurité en en restant à l'extérieur.

Lors de notre arrivée dans le quartier, nous n'avions pas encore d'appartement dans la cité. Soumis aux mêmes lois que les autres, il fallait attendre que la commission de logements HLM nous attribue un logement. En attendant, nous avons occupé un petit T3 à deux rues de l'entrée de la cité, meublé de dons plus ou moins jolis, pendant deux mois entiers. De notre ancienne vie, nous n'avions que nos vêtements d'été et nos draps qui nous accompagnaient depuis début juillet. Nous vivions presqu'au pied de la cité et ma femme, qui ne participait pas encore beaucoup aux activités, passait souvent devant l'entrée, regardant ces grandes barres avec inquiétude, appréhendant le jour où il faudrait y habiter. « N'y vas pas seule », lui avais-je dit. J'avais moi-même été guidé les premiers jours de ma mission par l'ancien responsable. Et j'avais encore l'impression d'être un étranger dans cette cité. Pour les jeunes qui y sont nés et y ont grandi, c'est l'inverse : c'est en dehors que c'est dangereux. D'où le phénomène de bande : quand on quitte le quartier, il faut être en groupe, car le groupe protège. Seul, on s'expose. Ensemble, on s'impose.

Maria, du haut de ses 13 ans, n'a donc jamais connu d'autre univers que celui de son quartier. Ses parents, ses oncles et tantes non plus, qui sont tous nés là. À l'époque où nous le rencontrons, son oncle, qui a sans doute eu quelques activités peu recommandables (elle-même nous a confié une fois qu'il avait été *charbonneur*[1] : « Ils font tous ça un temps, après ils trouvent un vrai travail »), sort de prison et veut reprendre une vie normale, avec un travail légal. La prison lui a apparemment remis les idées en place. La Providence aidant, une entreprise nous sollicite à ce moment-là pour lui présenter quelques personnes issues de la cité et pourvoir des postes vacants. Nous en parlons à Fernando, qui postule et est embauché. Quelques mois plus tard, il signe son CDI, le premier de sa vie… à 40 ans. Un jour où il s'emboucane avec son responsable, il passe vider son sac :

– Franchement, il me dit une chose par-devant, et par-derrière il me démonte. Je ne supporte pas ça. Tu sais, chez nous, on en plante pour moins que ça, me confie-t-il, hors de lui.

1. Terme qui désigne celui qui vend la drogue dans les halls des cités.

– Mais c'est beau que tu aies réussi à ne pas le planter, dis-je, en essayant de trouver des mots pour apaiser cette armoire à glace devant qui le frêle petit bourgeois que je suis dois faire pâle figure. Qu'est-ce qui t'a aidé à te contenir ?

– Tu sais, c'est la première fois de ma vie que j'ai un vrai contrat de travail. Pour rien au monde, je ne le perdrai. Pour ma femme, pour mes enfants, c'est trop important. Mais ça n'empêche que j'ai vraiment envie de le démonter. Tu ne connais pas notre vie. Moi, quand j'étais jeune, je n'avais qu'une façon de parler, c'était en tapant les gens. Même mon meilleur pote, je le tapais. On était des chiens galeux, nous. On a grandi ici, on va mourir ici, on est des chiens galeux.

Je n'en mène pas large. Fernando déballe tout sans s'arrêter. Je ne cherche plus à répondre, je me contente d'écouter. Il faut qu'il s'énerve, il faut que ça sorte, et je préfère que ce soit sur moi plutôt que sur son responsable. Il déverse toute sa haine, et il y en a. À la fin de son monologue, je tente de l'ouvrir vers le pardon, la seule issue possible et durable.

– Tu serais prêt à lui pardonner ?

– S'il vient me voir et qu'il s'excuse, peut-être. Mais il ne le fera pas, parce qu'il n'a pas de couilles. C'est un enc… Je veux juste ne plus avoir à faire à lui. Je ne veux plus recevoir d'ordre de lui. D'ailleurs, il l'a compris. Quand il veut me dire quelque chose, il passe par quelqu'un d'autre, et c'est bien comme ça.

Et c'est reparti pour un autre monologue, où Fernando me dit qu'il n'en peut plus de cette vie de m…, qu'il veut quitter ce quartier, qu'il n'arrive plus à cadrer son fils de 15 ans tenté par le trafic en bas des tours. Et que de toute façon, je ne suis pas né ici, que je ne comprendrai jamais rien à leur misère et que c'est ça, la vie. Je n'ai plus rien à dire. Inspiré ou pas, j'ose juste :

– En tout cas, Fernando, on va prier pour toi, pour ta femme, tes enfants. On accompagne tes enfants dans leur scolarité, on t'a aidé à trouver un travail, mais ça, c'est du bonus. Toute cette haine, ces blessures, cette misère, il n'y a que le Bon Dieu qui peut guérir tout ça. On va beaucoup prier pour vous. Et on va demander au Bon Dieu qu'il vous aide à trouver un nouveau logement.

– Merci, ça m'a fait du bien de parler, merci.

Et le colosse tatoué part en pleurant, caché derrière ses lunettes noires.

Pendant une année, en équipe, nous avons prié chaque semaine pour que Fernando et sa famille trouvent un logement ailleurs, eux qui avaient toujours vécu là.

Ils viennent de déménager.

☆

Nos souvenirs avec Maria et Aurelia sont nombreux, d'autant que leur esprit pétillant nous amène souvent à partager des réflexions profondes, notamment sur la foi. Maria nous a confié sa peur de devenir musulmane, car elle est la « seule chrétienne du quartier ». Elle nous interroge tout le temps sur notre foi, notre vie de prière, comment est-on sûr que Jésus est le fils de Dieu, etc. Nous essayons de répondre tant bien que mal, lui racontant notre rencontre avec le Christ vivant et l'invitant, si elle le désire, à demander à Dieu de lui faire cette même grâce :

> Dieu ne s'imposera jamais à toi, lui expliquons-nous, Il te laisse infiniment libre. Si ce n'est pas toi qui lui ouvres la porte, il ne la forcera jamais. Si tu veux le connaître, tu dois lui demander.

A-t-elle retenu ce conseil ? Toujours est-il que, parfois, après l'école, Maria, toujours accompagnée d'Aurélia, nous demande d'aller prier dans notre petit oratoire. Elle aime chanter, réciter le Notre Père. Nous les laissons faire, à la grande surprise de leurs amis musulmans qui se jettent sur elles, dès leur sortie de l'oratoire : « Tu as prié ? » « Mais comment tu pries ? » « Ahiii, je ne savais pas que tu étais chrétienne ! » Cette petite joie de les voir témoigner auprès de leurs amis nous console de leur niveau scolaire... parfois inquiétant ! Un soir, alors que je désespère de faire apprendre sa leçon d'histoire à Aurélia, elle me dit le plus sérieusement du monde :

> Mais tu sais, Amaury, j'adore l'histoire de France... Je connais Hitler, Jean-Jacques, Louis XIII, Louis Vuitton...

Autre sujet fétiche de nos chères demoiselles : les « trucs » de fille. Autrement dit, l'intimité féminine. Elles en sont saturées par la télé, et en même temps ignorantes, car elles perçoivent tout ce qui s'y rapporte comme quelque chose de dégoûtant. Des « cours de porno », voilà comment elles considèrent les interventions de telle ou telle association « spécialiste » du sujet au collège (et sans doute n'ont-elles pas tout à fait tort, quand on sait ce que certaines de ces associations racontent). Maria me dit un jour : « Je rêve d'avoir un enfant mais je ne veux pas passer par l'acte, c'est trop dégueulasse. » Leur méconnaissance de la sexualité féminine est dramatique. Pour les Maghrébines, elles savent qu'elles doivent passer par l'épreuve du drap ensanglanté après la première union. Pour les gitanes, c'est un mouchoir. Mais toutes sont tétanisées par cela. Tout en passant leur temps à en parler, à se focaliser sur ce sujet (il y a de quoi, à cet âge-là, quand ni les parents ni le collège évoquent comme il le faudrait la chose), à les envisager de la façon la plus dégradante qui soit et à poser sans cesse des questions. Quand elle vient travailler chez nous avec Marie-Alix, Zoubida réclame toujours de faire des SVT. Officiellement, c'est le seul travail qu'elle a à faire. Comme par hasard, toujours sur les mêmes pages du livre. On ne tarde pas à comprendre qu'il ne s'agit nullement de devoirs demandés par l'école mais juste d'une soif de comprendre de la part d'une jeune fille paumée (sa maman est décédée, son papa a disparu dans la nature) qui vit toutes les transformations de l'adolescence dans une solitude abyssale.

En vacances, avec plusieurs ados filles, il y a toujours une chance (un risque ?) que ce soit la période des règles pour l'une d'elles. C'est alors la panique, toutes les jeunes demoiselles venant au secours de celle qui, une nouvelle fois, est perdue devant ces saignements que personne ne lui a jamais expliqués. Un été, Maria se tord de douleurs, ne veut plus participer à aucune activité, pleure tout ce qu'elle peut… mais refuse de me dire ce qui se passe. Voyant l'agitation de ses amies, je comprends vite le cœur du problème et je lui lance : « Maria, si tu as tes règles, tu me le dis, on part acheter ce qu'il te faut, et on n'en parle plus. Mais je suis ton responsable, tu dois me le dire. » Maria hallucine parce que la réflexion vient d'un homme marié. « Tu parles trop », me répond-elle froidement, ce qui signifie que je n'ai pas le droit d'évoquer ce sujet avec elle. C'est un truc de filles. En plus, c'est « dégueu ». Le soir, voyant bien l'embarras du groupe choqué parce que j'ai osé parler de la « chose », je sens qu'il faut apaiser l'ambiance :

Les filles, les interpellé-je, je suis marié, j'ai une femme, trois filles, j'ai quatre sœurs, alors le système féminin, je connais. Vous n'allez sûrement pas me croire, mais les règles, c'est la plus belle chose qui peut vous arriver !

– Quoi ? Mais c'est sale ce que tu dis.

– Peut-être mais j'insiste. C'est une très belle chose.

– Ah ouais et pourquoi ?

– Parce que c'est ce qui fait que vous pourrez avoir des enfants plus tard. Chaque mois, votre corps se prépare à accueillir un petit bébé. Et vos règles, c'est le signe que votre corps est prêt à accueillir la vie, et comme papa, je peux vous dire qu'il n'y a rien de plus beau.

En disant cela, j'ai bien conscience de choquer, car, qu'il s'agisse de filles d'origine gitane, comorienne, malgache, maghrébine ou indienne, le sujet est tabou. Dans certaines cultures ou religions, les femmes sont considérées comme impures pendant leurs règles. Je n'imaginais pas que cela pouvait toujours être considéré de la sorte dans la France du XXIe siècle. Et pourtant : certaines mamans de la cité nous ont expliqué par la suite que, pendant leurs règles, elles n'ont pas le droit de faire les cinq prières par jour ni de toucher le Coran, car elles sont impures. En tant que jeune catholique imbibé de la théologie du corps de Jean-Paul II, cela me paraît ahurissant : comment Dieu aurait-il créé la femme en lui imposant d'être impure une fois par mois ? C'est impossible. Le cycle naturel de la femme voulu par Dieu est d'une beauté infinie.

– Mais toi tu dis ça parce que tu es Français.

– Je ne vois pas le rapport.

– Ben vous les Français, vous n'êtes pas gênés de parler de ça. Mais nous, c'est tabou, on peut pas.

– C'est à toi de décider si tu peux ou pas.

– Oui, avec vous, je peux. Mais pas avec nos darons. Ça craint.

De fait, attristés de constater cette ignorance notoire des jeunes filles du quartier en matière de sexualité, nous tentons un soir d'organiser une rencontre pour toutes celles avec qui nous avons évoqué le sujet, en faisant appel une personne compétente, ayant l'habitude d'intervenir dans les classes. Les parents sont prévenus. Huit filles doivent être présentes. Aucune ne vient.

Maigre consolation : un an après ce camp, c'est au tour de Zoubida d'avoir ses règles. « Tu ne crois pas que je suis en train de perdre un bébé ? », demande-t-elle à ma femme, qui saute sur l'occasion pour tout lui expliquer encore une fois depuis le début. Et Maria de lancer : « Ah oui, on sait. Ton mari nous a dit que les règles, c'est la plus belle chose qui peut nous arriver ! » Ça, au moins, c'est rentré.

Enfin l'éducation de nos enfants est constamment au cœur de leurs préoccupations. Quand nous le pouvons, nous aimons participer avec nos trois filles aux activités organisées pour les jeunes du quartier. C'est l'occasion pour les adolescents de voir un mari passer le balai, faire la vaisselle ou s'occuper de ses enfants (tâches spontanément attribuées à la femme dans la culture de la cité). Alors Zoubida, comme si elle faisait une découverte :

– Moi, je ne me marierai qu'avec un mec qui fait la vaisselle !

Souvent, les jeunes nous demandent comment on élève nos enfants, si on leur dit « je t'aime », si on les tape, etc.

Non, vous les tapez pas ? Ahiii, mais moi, mes parents, ils m'ont tellement tapé que je ne sens plus rien quand on me frappe !

CHRONIQUES DE L'ASCENSEUR

– Épisode 2 –

Depuis plusieurs jours, l'ascenseur ne fonctionne pas.

Pleine de courage, notre petite dernière, âgée de 2 ans, tient à descendre nos onze étages à pied, toute seule : « Pas main Maman », répète-t-elle en se tenant au mur tout sale, « et pas bras ». Elle prend son temps, c'est sûr, mais au moins, Marie-Alix ne se casse pas le dos en la portant.

La pitchoun s'arrête à chaque papier par terre :

– Quoi ça maman ?
– Une saleté.
– Et ça ?
– Un mouchoir.
– Et ça ?
– C'est rien, avance ma chérie…

Puis elle met son doigt dans chaque fissure du mur (et il y en a !).

« On n'est pas arrivé, pense Marie-Alix, la prochaine fois, je prendrai mon chapelet ! »

Étage 3

Un autre monde

Notre arrivée dans la cité ne s'est pas faite sans douleurs : on ne quitte pas facilement le Pays Basque et ses charmes pour s'installer dans les quartiers nord de Marseille. Passé l'exotisme des premiers jours, la réalité nous a vite rattrapés : la saleté, la laideur des bâtiments, les odeurs nous sautaient à la figure. En outre, quand on a toujours grandi dans des quartiers plutôt favorisés et fréquenté des établissements scolaires chics, on ne se sent pas tout de suite à l'aise dans un tel quartier. Les modes vestimentaires, les enseignes alimentaires, les façons qu'ont les gens de se parler, la diversité des langues utilisées dans la rue, tous ces éléments nous donnent parfois l'impression d'être partis à l'étranger. Mais les kebabs hallals, les niqabs, les barres HLM, les drapeaux d'Afrique du Nord, les costumes colorés des Comores, les salles de prières, les cortèges de mariage qui bloquent la circulation, tout cela aussi c'est la France, pas celle que nous connaissons, pas celle où nous avons grandi, mais la France quand même, la France que nous sommes venus découvrir, la France que nous voulons servir, la France que nous voulons aimer.

Passer d'un environnement à l'autre n'est pas évident : il faut quitter nos représentations pour nous laisser approcher par cette nouvelle réalité. Accepter de vivre ici. Aller vers ces personnes que n'avons jamais fréquentées. Tisser des liens avec elles. Oser la rencontre. On prend toujours un risque en faisant ce pari. On ne sait pas sur quoi on va tomber, comment on va être reçu, ce qui va nous être dit. C'est tantôt violent, tantôt exaltant ! Violent, comme ce jour où un enfant vient vers moi, alors que j'ai ma dernière fille et sa poupée dans mes bras, saisit la croix que j'ai autour du cou et me dit : « Ta croix, on va la brûler », avant de prendre la poupée, de la jeter par terre et de l'écraser. Exaltant, comme cet autre jour où, déchargeant péniblement ma voiture, je vois un homme habillé comme un djihadiste s'approcher de moi. En l'espace de quelques secondes, je me décompose intérieurement. Il me lance alors, dans un français parfait et avec une délicieuse politesse :

– Bonjour Monsieur, voulez-vous que je vous aide ?

– Non merci, j'ai fini. Je lui réponds presque mécaniquement, si surpris que je n'ai pas pris le temps de réfléchir à ce que je dis.

– D'accord, bonne journée Monsieur. Au revoir, Monsieur.

Je suis stupéfait, et m'en veux terriblement de cette méfiance spontanée qui a jailli en moi. À nos débuts dans le quartier, elle ne nous quitte pas. Lors de l'état des lieux de notre appartement, nous sommes également apeurés d'être guidés dans la visite par le gardien de notre bloc, barbe et petit bonnet de rigueur, et qui de surcroît refuse de serrer la main à ma femme. Gardien qui se révèle finalement être un homme formidable, toujours prompt à nous rendre service, à s'assurer que nous ne manquons de rien, à ramasser chaque matin toutes les poubelles jetées du balcon la veille, par les habitants. En réalité, ce sentiment d'insécurité permanent des premiers mois est principalement dû au fait d'être nouveaux dans un quartier pas vraiment réputé pour sa tranquillité et son cadre de vie, de mettre nos filles dans une école fréquentée par des familles que nous n'avons pas l'habitude de côtoyer, de faire nos courses dans des magasins inconnus jusqu'alors. La première fois que Marie-Alix entre dans la cité, une poussette dans les mains et deux petites blondes à ses côtés, insouciantes et gaies, elle a l'impression d'être dévisagée par tout le monde. « Je vais me faire agresser », pense-t-elle. Il faisait beau, des femmes discutent en bas de leur bloc, leurs enfants jouent sur le bitume, des gamins à vélo se poursuivent en criant, quelques hommes tirent des boules de pétanque. Elle marche droit devant elle d'un pas assuré pour ne pas montrer sa crainte mais elle ne sait où aller et n'en mène pas large. La cité est impressionnante, on a le sentiment de pénétrer dans un univers hostile.

Puis le temps fait son œuvre et, petit à petit, les craintes tombent. Nous prenons nos marques, soutenus en cela par l'amusante naïveté de nos filles qui, elles, ne se mettent pas d'œillères. Burqas ou pas, peaux de toutes les couleurs, langues étrangères, prénoms imprononçables des amis de l'école, rien ne semble les surprendre. À l'inverse, ce qui les rend les plus heureuses : habiter au 11e étage, avec ascenseur. Elles n'ont pas encore découvert qu'il peut tomber en panne. Avant le départ en mission, nous avons demandé pour nos filles, plutôt timides, deux grâces, celle de l'ouverture à l'autre et celle de la joie. Le Bon Dieu nous a bien exaucés et, à travers elles, nous aide beaucoup dans ces débuts en banlieue.

Car nous allons de surprises en surprises. La première, c'est le nombre de jeunes désœuvrés qui traînent en bus des tours. Ils sont là, chaque jour, du matin jusque tard la nuit, à attendre que le temps passe. Pas de diplôme, pas de travail, pas de famille pour la plupart. C'est dur. Ça met une boule permanente au ventre. C'est d'une tristesse insupportable. Comment se fait-il que notre société n'arrive pas à leur proposer une issue de secours, si bien que certains finissent dans la tombe ? Depuis 2010, presque 100 jeunes ont été tués dans des règlements de compte à Marseille et dans les alentours. Les expressions : « Tué d'une rafale de kalachnikov », ou « Retrouvé brûlé dans le coffre de son véhicule », sont malheureusement devenues trop courantes. D'ailleurs, les sujets ne font même plus la une des journaux. Serait-ce devenu normal ? Notre seule consolation, c'est d'entrevoir leur délicatesse quand ils aident une maman à porter sa poussette. Ou quand le marchand de barbes à papas et autres confiseries entre dans la cité à bord de son camion rose digne des films d'autrefois. Avec ses chansons douces dans le haut-parleur – la musique adoucit les mœurs – il parvient à arrêter le temps qui passe. Voire à le rembobiner : quelques minutes suffisent pour qu'on retrouve nos jeunes assis sur leur mur de guet. Semblables à des écoliers en culotte courte, ils lèchent leur pomme d'amour toute rouge et semblent être redevenus ces braves enfants qu'au fond d'eux, ils n'ont jamais cessé d'être.

L'autre surprise de l'arrivée dans la cité, c'est d'y découvrir le règne de la société de consommation. Le service des encombrants de la mairie en sait quelque chose. Pas une semaine ne passe sans que tel habitant ne refasse tout son salon alors que l'ancien était encore très bien. Que tel parent jette la caisse de jouets de son enfant parce que cela fait déjà plusieurs mois qu'il a les mêmes et qu'il est temps de changer. « Ils l'ont dit à la télé. » La télé… Dès qu'une nouveauté apparaît sur le marché, elle nous pousse à nous débarrasser de ce qui n'a que quelques mois et de racheter. Avec les écrans plats de je ne sais combien de pouces allumés en permanence (il n'y a souvent rien dans les appartements, mais l'écran plat ne manque jamais à l'appel malgré tout), difficile d'échapper à la publicité généralisée et de ne pas finir par craquer. Comme si ne pas acheter était un péché et que passer à l'acte permettait de déculpabiliser ! Pour beaucoup de parents, habiter la cité et imposer cette vie à ses enfants est loin d'être une gloire : tous ont conscience de ne pas leur offrir ce qu'il y a de mieux pour eux. Alors, ils essayent de compenser par des achats permanents. Classique, nous dira-t-on, c'est la société de consommation. Oui, mais dans un quartier où, a priori, les gens n'ont guère de moyens et luttent pour survivre, c'est encore plus révoltant de les voir pressurisés par ce diktat capitaliste. Le système sait bien ce qu'il fait, en remplissant les comptes bancaires à coups d'allocations : les pauvres reçoivent de l'argent, donc ils ne râlent pas trop fort. Avec l'argent, ils achètent pour pallier leur pauvreté. Avec leurs achats, la société de consommation prospère. Avec cette prospérité, elle reverse de l'argent aux pauvres. Et ainsi de suite. Mais les pauvres restent pauvres, ils n'en deviennent que plus pauvres car esclaves d'un système qui ne leur veut pas du bien, et qui les tient parce que, s'ils font les mécontents, ils risquent de ne plus toucher d'argent. Alors ils se taisent et ils consomment. En France, on achète les pauvres, pour qu'ils nous laissent tranquilles.

En se débarrassant de leurs objets à tour de bras et en rachetant du neuf, les gens jettent l'argent qu'on leur donne par les fenêtres. Le résultat de tout cela, on le voit dans les poubelles. Je ne comprenais pas, lors de nos premiers temps dans la cité, pourquoi tant de Roms arpentaient chaque jour nos locaux à poubelles. « Pourquoi viennent-ils faire les poubelles ici, puisque les habitants sont pauvres ? Les poubelles le seront tout autant ! Ils feraient mieux d'aller dans les beaux quartiers ! » Jolie naïveté, car je me rendis vite compte que les poubelles de la cité n'avaient rien à envier à celles des quartiers riches. Je dis cela avec un sentiment de dégoût : qu'il est triste de voir des familles avec si peu de moyens gaspiller trop facilement, parce que tout ce qu'ils voient et entendent et subissent les y encourage. Et n'est-ce pas encore plus écœurant de voir ces enfants roms patauger dans mes poubelles, accompagnant leurs parents à la recherche du moindre petit bout de métal, avant de rejoindre leur bidonville qui a poussé là, comme un champignon, en pleine nuit ? J'étais venu vivre au cœur des HLM abandonnés des politiques, récupérés par les trafics, auprès des plus pauvres. Et au pied de chez moi, dans mon local à ordures, je trouve une plus grande misère encore que celle que j'avais pu imaginer.

D'autres surprises plus légères nous attendaient, comme le mystérieux code de la route propre au quartier. Nous découvrons que les places de parking ne servent pas mais que la chaussée étant plus pratique pour s'arrêter, les voitures n'ont qu'à slalomer : tant qu'elles passent, même si c'est sur la voie de gauche, pas de problème, pense le Marseillais, je peux aller boire un café pour retrouver mes collègues ! Au début, c'est un peu surprenant d'être mêlé à une telle cohue, de se faire doubler alors qu'on attend gentiment au feu rouge, ou encore de voir arriver à toute vitesse une voiture en face de nous, et qui ne se rabat pas. Sans parler des scooters qui déboulent de tous les côtés et des bus qui restent coincés, tous les jours, au même carrefour, parce que quelqu'un va acheter sa baguette de pain ! Alors on s'énerve, on klaxonne, on se fait insulter et puis, on commence à se prêter au jeu du slalom. Et on ne s'étonne plus de circuler sur la voie de gauche.

On prend aussi d'autres réflexes étonnants.

Ne jamais marcher le long des barres d'immeubles : on n'est jamais à l'abri d'une poubelle, d'une planche, d'une couche (ou même d'une tortue, comme je l'ai vu une fois !) qui passe pardessus le balcon pour s'écraser en bas. Et « il ne faut surtout pas ramasser » me dit un jeune un jour, alors que je cours après son sac vide qui s'envole, « sinon les gardiens n'ont plus de travail ! »

Ne pas aller à La Poste entre le 5 et le 10 du mois si l'on veut éviter d'y passer la journée : c'est le jour où les gens reçoivent les allocations. Ils font des heures de queue pour les retirer et les envoyer aussitôt à la famille au bled.

Se garer le plus loin possible du local à poubelles, autrement appelé la « cage aux rats » : quand vient l'hiver, nos pauvres rongeurs ont froid et ne trouvent alors rien de mieux que de venir nicher dans les moteurs des voitures. La nôtre en sait quelque chose, puisqu'elle a hébergé quelque temps une petite famille, qui y a stocké frites, os de kebab ou bouts de tissus en tous genres, rongés tous les câbles du moteur et utilisé la moquette sous le capot pour se faire un nid douillet plein d'excréments à la fin du séjour. Nous nous en sommes rendu compte car des voyants s'allumaient de façon complètement illogique sur notre tableau de bord. La pauvre voiture n'a pas résisté à l'invasion… et ce n'est pas un risque pris en charge par les assureurs.

La vie à Marseille, quartiers nord.

CHRONIQUES DE L'ASCENSEUR

– Épisode 3 –

Dimanche. Départ pour la messe. L'ascenseur fonctionne. Merci Seigneur. On part du 11e, il s'arrête au 6e. Une voisine, corpulente, monte. La porte se ferme. Et l'ascenseur se bloque. On appelle le service dépannage : « Oui, on envoie le technicien ! » Quinze minutes plus tard, personne. L'air est suffocant. Grâce au téléphone, on réussit à faire passer le temps aux filles en regardant Tchoupi et Doudou, l'âne Tro-Tro, Oui-Oui et compagnie. Au bout d'une demi-heure, elles commencent quand même à craquer. L'une éclate en sanglots suivie des deux autres, paniquées. Heureusement, depuis le palier, des voisins nous entendent et appellent les pompiers.

Chouette, les pompiers, ce sont les plus forts, c'est sûr qu'ils vont nous sortir de là ! Ne vous inquiétez pas !

Au bout de quarante-cinq minutes, ils arrivent enfin et délivrent les six prisonniers esquichés comme dans une boîte de sardines (l'une des sardines étant presque aussi grosse que nous cinq réunis).

Le Bon Dieu nous pardonnera le retard à la messe…

Étage 4

À la suite des saints

Avec son air de sicilien contrarié, la peau brunie par quelques générations passées au nord de l'Afrique, Raoul est un ancien du quartier. Il est né ici. Sa mère y habite encore. Elle a fait partie, dans les années 1960, des premiers habitants venus récupérer les clés de l'appartement, alors que la construction de la cité n'était pas encore terminée. Raoul est marié à Sylva (Sylvie pour l'état civil, puisqu'à l'époque on francisait les prénoms), dont les grands-parents avaient fui le génocide arménien et débarqué sur le port de Marseille dans les années vingt. À eux deux, ils incarnent tout un pan de l'histoire du quartier, celle des vagues d'immigration de la première moitié du xxe siècle. Les « anciens » qui vivent encore dans les grandes tours HLM, d'origine arménienne, italienne, corse ou pied-noir, sont des petits bijoux, dont l'éclat, malheureusement, se ternit avec les années. Des bijoux avec qui nous aimons discuter des heures durant, eux qui ont connu le petit village avant la construction de la cité et nous en racontent l'histoire, le regard pétillant. Mais il faut bien avouer que, pour eux, « c'était mieux avant », quand la cité était leur petit paradis :

> Il y avait l'eau courante, l'électricité, une salle de bains dans chaque appartement, nous raconte Raoul. C'était le luxe, c'était New-York à la campagne ! Il n'y avait pas de parking, ici, que de l'herbe, plus haute que moi. Un jour, ma mère a eu peur car elle ne me trouvait plus !

L'avenue qui longe la cité était à l'époque un petit chemin. Raoul descendait jusqu'à la mer à travers les vignes. Aujourd'hui, on ne voit que des HLM à perte de vue et, plus bas, le port autonome, avec ses cargos et ses ferrys de croisière. Mais nos anciens les regardent du haut de leur balcon, se remémorant avec nostalgie ces instants précieux et volés de l'enfance.

> – Tu sais, nos enfants, confie tristement Sylva, ils ne viennent plus nous voir. Ils ont trop peur de venir ici, avec tout ce qui se raconte sur le quartier. Alors on ne les voit plus, ils vivent leur vie, et nous, on attend la mort.
>
> – Et vous ne pourriez pas déménager ?, dis-je naïvement.

– Ah ça, ils aimeraient bien, nos enfants. Ils nous cherchent des appartements, ils nous disent de venir nous installer près de chez eux.

– Et ?

– Et on ne veut pas. Notre vie, c'est ici, répond du tac au tac Raoul. Ma mère est ici depuis 50 ans, tu imagines ce que ça serait pour elle, un déménagement ? Elle en mourrait. Comme elle reste, on reste, on ne va pas la laisser seule. On n'en peut plus de toute cette merde autour de nous, on était là avant. C'est pas à nous de partir sous prétexte que c'est devenu l'horreur. On devrait dégager ceux qui nous ont foutu le bordel. Nous, on est nés ici, on a grandi ici, on est Français depuis toujours, on paye notre loyer, on a travaillé toute notre vie à l'usine pour gagner trois sous aujourd'hui, et ce serait à nous de partir ?

– Vu comme ça, c'est vrai que…

– Vu comme ça, vu comme ça. Y a qu'une personne en France qui voit comme ça, tu sais qui c'est ?

– Euh… (je pensais bien à quelqu'un mais on hésite toujours à en parler).

– Marine. Marine Le Pen. Je ne me cache pas, moi, tu sais je vote pour elle. Y a qu'elle qui décrit bien ce qu'on vit. On a bossé pour ce pays, qui nous traite aujourd'hui comme des moins que rien alors qu'on paye des gens qui débarquent du monde entier et qui en foutent pas une.

Avec les anciens, que ce soit chez eux, sur le terrain de boules ou au comptoir, on en vient souvent à « Marine ». Aux dernières élections municipales, le FN a pris la mairie de l'arrondissement voisin et est arrivé deuxième chez nous, pas loin derrière le candidat socialiste.

– Avant, j'ai toujours voté PS. J'avais ma carte d'adhérent, je les ai aidés à en faire, des campagnes. Mais bon, ces gens-là, ils pensent à vous quand ils ont besoin et après, plus rien. En plus, ils ont fait le mariage des homos, c'est n'importe quoi.

– Pourquoi, tu es contre ?, demandé-je, tout en me doutant bien de la réponse.

– Évidemment. Y a pas plus homophobe que moi ! C'est contre-nature, les homos, je peux pas.

– Tu en connais, au moins, des homos ? Tu en as parlé avec eux ?

– Moi ? Ah non, si je vois un pédé, je peux pas discuter avec lui, je l'insulte !

Dans ces cas-là, on peut bien essayer de placer notre petit discours catho qui rappelle que le Christ nous demande d'aimer les personnes et ne jamais les juger, mais ça n'a guère d'écho. Chez Raoul et Sylva, comme chez beaucoup d'anciens, le mariage gay a été la confirmation du désintérêt flagrant du parti socialiste pour eux. Et donc, ils votent Marine, la seule, selon eux, qui leur témoigne un peu de gratitude.

Il faut reconnaître qu'ils n'ont pas eu la vie facile. Raoul a travaillé toute sa vie – et l'on n'était pas aux 35 heures, malgré la pénibilité ! – dans la fameuse usine de sucre, qui, parce qu'installée au cœur de ce quartier Saint-Louis en 1867, en a pris le nom et le porte jusqu'aux quatre coins de l'Hexagone aujourd'hui. Comme lui, nombreux sont les habitants qui ont travaillé aux raffineries de sucre et ont donc apporté leur petite pierre au passé très ouvrier du quartier. À l'époque, savonneries, huileries, fabriques de métaux et autres usines faisaient de Saint-Louis un bassin d'emploi important, desservi par le tramway qui déversait des wagons entiers d'ouvriers. Des hommes et des femmes encouragés dans leur dure existence par le discours communiste et la CGT ou par… les prêtres ouvriers. C'est en effet tout près de chez nous, dans le quartier de la Cabucelle, que le mouvement des prêtres ouvriers apparaît, avant d'essaimer. Jacques Loew, un dominicain ordonné prêtre en 1939, en a l'intuition après avoir travaillé trois ans comme docker sur le port de Marseille, de 1943 à 1946. La paroisse de la Cabucelle lui est confiée et c'est là qu'il commence à réfléchir à ce qui deviendra la Mission Ouvrière Saints Pierre et Paul. Son but : rapprocher paroisse et mission pour un « apostolat intégral » en vue d'« extirper les racines des malheurs injustes » qui pèsent sur les pauvres. Une magnifique intuition, qu'une trop grande connivence avec le parti communiste et des syndicats dont le discours sur l'homme est incompatible avec la doctrine de l'Église, fragilisera. Les gens s'en souviennent et, souvent, quand nous expliquons notre désir, en tant que chrétiens, de venir vivre au cœur des quartiers difficiles pour nous mettre au service des pauvres, on nous interroge : « Mais vous êtes proches des prêtres ouvriers ? » Oui, d'une certaine façon. Nous nous retrouvons parfaitement dans ce qu'écrivit Madeleine Delbrêl dans *Ville marxiste, terre de mission* :

> Si nous sommes responsables que Dieu ait été perdu par des hommes, nous devons peut-être en souffrir, nous devons surtout leur rendre Dieu. Nous ne pouvons pas donner la foi, mais nous, nous pouvons nous donner ; la foi a mis Dieu en nous, nous pouvons le donner en même temps que nous : à la ville. La question n'est donc pas de nous en aller n'importe où, ayant au cœur le mal des autres, il s'agit de rester près d'eux, avec Dieu entre eux et nous [...]. Agir, c'est éclairer et c'est aussi être éclairé ; si prier, c'est se laisser faire par Dieu, c'est aussi apprendre à faire l'œuvre de Dieu. Le chrétien, alors, rendra grâce car tous ses gestes deviendront la manifestation d'un amour sans

limite et sans exception, dont seul le Christ a dit aux hommes qu'ils devaient et le recevoir et le donner[1].

Grâce à Raoul et à son passé d'ouvrier syndicaliste, j'ai redécouvert les écrits sublimes de la sainte d'Ivry et l'action des prêtres ouvriers, qui ont au moins eu le mérite de rester là quand la grande majorité des catholiques se réfugiaient dans des environnements plus chics. Et notre présence ici s'inscrit peut-être, sans doute, sûrement, dans cette histoire, géniale et subversive, que les chrétiens auraient tout intérêt à redécouvrir. Elle ramène à l'essence même de l'Évangile qui est de donner sa vie jusqu'à la Croix pour ceux qu'on aime et même pour ceux que l'on n'aime pas ; et rappelle les limites d'une action sociale chrétienne qui n'aurait pas sa source dans la contemplation de la Vie donnée par excellence, celle du Christ sur la Croix.

Grâce à Sylva et à son passé de militante, j'ai aussi été amené à revoir mes idées préconçues sur les personnes engagées dans les associations chrétiennes de « gauche ». Elle a longtemps milité à la JOC (Jeunesse ouvrière chrétienne) et en garde un souvenir ému. Elle en discute régulièrement avec sœur

1. Madeleine DELBREL, extrait du chap. III de la IIIe partie du livre : « Une vie de contradiction », dans *Ville marxiste, terre de mission*, Paris, Éd. du Cerf, 1957.

Antoinette, installée dans la cité depuis de longues années. Comme les prêtres ouvriers à l'époque, elle vit sa mission « enfouie dans la pâte » humaine de la cité, avec une activité certes plus sociale que missionnaire mais au moins, elle est là et elle reste.

Sylva, sœur Antoinette et tant d'autres ont aussi assuré, tout au long de ces années, une présence dans la paroisse. En l'occurrence, l'église Saint-Louis, si révélatrice, par son architecture bétonnée, de l'histoire ouvrière du quartier. Sur l'une des deux immenses fresques qui se tiennent de part et d'autre du chœur, un homme tire une charrue et, en ombre derrière lui, le Christ qui, dans une position similaire, porte sa croix. Au-dessus d'eux, cette phrase : « Que ma peine d'aujourd'hui, unie à Votre sacrifice, serve à la libération de tous mes frères. » Cette construction de 1935 mêle empreinte ouvrière et passé encore plus lointain, celui de Saint-Louis partant pour les croisades : on raconte que le bon roi aurait fait halte dans ce petit village autrefois, d'où le nom qui lui fut attribué plus tard. Nous avons fêté, en 2014, le 800e anniversaire de la naissance de Saint-Louis. Vénérer ses reliques, lui qui dialogua avec les musulmans et donna sa vie pour la défense des lieux saints, n'est-ce pas le signe qu'il veille sur nous de façon prophétique ?

Entre Saint-Louis et les prêtres ouvriers de la Cabucelle, deux autres grands prophètes ont semé des graines d'Évangile dans notre quartier. Saint Eugène de Mazenod (1782-1861), d'abord, évêque de Marseille, dont la résidence se situait en face de chez nous. C'est là qu'il avait installé son château d'été et s'y retirait pour de longs temps de repos. Il en avait bien besoin, le saint évêque, qui, à la tête d'un diocèse en expansion fulgurante, parcourait les campagnes environnantes pour s'occuper des plus pauvres, n'hésitant pas à entrer dans les maisons où sévissait le choléra, à visiter les malades et les prisonniers, à donner l'absolution à un pauvre agonisant dans la rue. Il avait pris cette habitude tout jeune prêtre : délaissant sa paroisse malgré toutes les critiques que cela lui valait, il fonda les « Missionnaires de Provence ». Avec quelques autres prêtres aussi zélés que lui, prêchant en provençal, le langage courant chez leurs petites gens, ils avaient pour devise « *Pauperes evangelisantur* », « L'Évangile est annoncé aux pauvres ». Appelé par son oncle à prendre sa suite comme évêque, Eugène de Mazenod crée 21 paroisses et construit 34 églises, notamment dans les quartiers populaires et lance les chantiers de Notre-Dame-de-la-Garde, des Réformés en haut de la Canebière et de la cathédrale La Major. En même temps que sa communauté diocésaine, il voit grandir sa communauté missionnaire : bien qu'ils aient été appelés pour la mission auprès des pauvres de France, il accepte que nombre de ses prêtres partent pour la Suisse, l'Angleterre, l'Irlande, le Canada, le Sri Lanka et l'Afrique du Sud. Dans le cadre des conquêtes de la France en Afrique du Nord, Eugène de Mazenod s'engage en faveur de la création d'un diocèse d'Alger. Il enverra aussi quelques missionnaires dans le pays, mais malgré toute son ardeur pour y annoncer l'Évangile, l'initiative ne durera pas, prise entre l'interdiction formelle des autorités civiles d'évangéliser les populations locales et les difficiles relations entre des hommes d'Église très tentés par le pouvoir politique.

Le second prophète, c'est le père Joseph-Marie Timon-David, prêtre du diocèse de Marseille quand Eugène de Mazenod en était évêque. S'inscrivant dans l'élan du catholicisme social du XIXe siècle, le père Timon-David, ému par la misère spirituelle et humaine des enfants du monde ouvrier, consacre toute sa vie à leur éducation chrétienne. Il fonda des patronages et des établissements scolaires dans tout le sud de la France, y développant la dévotion au Sacré Cœur de Jésus. Sa devise : « Graver Jésus dans tous les cœurs. » En 1895, il ouvrit dans les quartiers nord de Marseille l'œuvre de Notre-Dame-de-la-Viste, qui accueille aujourd'hui, de la maternelle à la terminale, les élèves du quartier.

Soucieux d'offrir à nos filles un cadre éducatif privilégié, qui les protège de la violence du quartier, nous avons fait le choix de les scolariser dans cette petite école privée. Il ne lui fallut pas beaucoup de temps pour nous séduire. Lors de notre première rencontre avec des parents d'élèves, une maman impliquée dans l'établissement nous explique :

> Nous accueillons beaucoup d'enfants issus de l'immigration et c'est bien notre vocation d'accueillir tout le monde. Mais, précise-t-elle aussitôt, notre mission, c'est aussi de proposer un projet éducatif catholique. Et le fait d'être présents au cœur d'un quartier à majorité musulmane nous pousse à réaffirmer avec plus de vigueur notre identité chrétienne.

Ici, enfants catholiques, protestants, athées ou musulmans, tous suivent les séances d'éveil à la foi ou de catéchisme. Au collège et au lycée, les cours de catéchisme et la participation aux différents pèlerinages et rencontres spirituelles proposés pendant l'année sont obligatoires.

Et, de fait, il n'y a (presque) aucun problème. Quelle chance, pour nous, de trouver pareille école pour nos filles ! Dans un contexte généralisé où l'enseignement catholique se cherche et ne sait pas où se trouve l'équilibre entre l'accueil de tous et l'annonce, à tous, de la Bonne Nouvelle, nous trouvons dans nos quartiers dits « à problèmes », un établissement avec les idées très claires sur la question. L'école exige même que tous les enfants soient habillés en bleu et blanc. Cela introduit, au cœur des quartiers nord de Marseille, au XXIe siècle, un zeste d'uniforme et permet d'en retrouver les bienfaits : la suppression de tout ce qui pouvait indiquer des différences de niveaux sociaux… et donc la construction de cette égalité si chère à la République !

Alors, rencontrer Raoul et Sylva, c'est tout cela à la fois. Grâce à eux, l'Arménienne exilée et le Pied-noir syndiqué, nous avons redécouvert l'Église et ses saints, dont on oublie trop l'histoire et le zèle pour une mission qui associe avec force secours des pauvres et annonce de la foi. Qui eût cru que l'immersion au sein d'un tel quartier, synonyme pour beaucoup d'insécurité, de déchristianisation, de pauvreté, nous inscrive au contraire dans une lignée d'hommes et de femmes témoins du Christ auprès de tous ses petits qui sont ses frères et nous fasse héritiers de leur action et fruits de leur prière ? J'aime à penser que, de toutes les messes qu'Eugène de Mazenod a célébrées ici, des prières récitées par Saint-Louis, des intentions présentées au Bon Dieu par le père Timon-David, nous sommes une de ces petites graines semées qui a germé. Et qu'à notre tour, il nous faut être semeurs pour que d'autres, dans les années et les siècles à venir, germent sur cette terre qui en a tant besoin.

CHRONIQUES DE L'ASCENSEUR

– Épisode 4 –

Quand il fonctionne, l'ascenseur fait un bruit d'enfer. Quelque chose a dû se casser dans la machinerie et racle de façon inquiétante. Le mur de notre chambre étant aussi celui de la cage de l'ascenseur, on l'entend monter et descendre, comme s'il était dans notre appartement. Les voisins du 8e, qui viennent d'avoir un bébé, n'en peuvent plus : il se réveille dès que l'ascenseur passe, ce qui arrive souvent dans un bloc de 24 appartements. Difficile de donner un rythme à un nourrisson avec un tel vacarme.

Je repense à ce que disait Madeleine Delbrêl, qui se désolait d'être tout le temps dérangée dans sa prière par le bruit de l'ascenseur. D'une part, je me dis que nous ne sommes pas les premiers. D'autre part, j'essaye de faire mien son conseil : mettre l'ascenseur au creux de ma prière. Au lieu de récriminer contre la machine, elle choisissait de confier au Bon Dieu ceux qui l'utilisait. Et poursuivait sa prière avec cette nouvelle intention dans le cœur.

> Les distractions deviennent « prières » quand on pense à elles avec Dieu. Lutter contre elles, c'est parfois se distraire davantage.

Et puis, disait-elle en faisant allusion aux élans spirituels tantôt mystiques, tantôt désertiques :

> Le Saint-Esprit monte et descend. Ne bloque pas l'ascenseur[1].

1. Madelaine DELBRÊL, *La Joie de croire*, Paris, Éd. du Seuil, 1968.

Étage 5

Entre deux

Passés les premiers temps et leur lot de surprises exotiques, on finit par s'habituer et même à s'attacher à ce quartier, à ce mode de vie, à ce remue-ménage permanent en bas de tours, à ces gamins qui restent dehors jusqu'à point d'heure, aux descentes de police pour arrêter le trafic, au trafic qui reprend dès que la police s'en va, etc. Nos filles, dont l'une exigea un jour qu'on l'appelât désormais « Yasmine », ne s'étonnent plus des voitures qui ne s'arrêtent pas au feu rouge, des motards qui roulent debout sur leur destrier, sans casque évidemment, des gâteaux parfois surprenants qu'on leur offre, des personnes qui déambulent en robe de chambre et chaussons dans la cité (pour beaucoup, la cité, c'est leur maison : donc on ne s'habille pas en sortant de l'appartement). Nous nous attachons beaucoup aux personnes, qui nous témoignent une vraie amitié. Ils prennent soin de nous d'une façon très touchante. Au début, même si je le souhaitais, je ne pensais pas que nous arriverions à ce degré d'amitié, de confiance, voire parfois de confidences, avec des personnes d'origine, de culture, de religion si différentes. Si bien que j'avais dit à un ami la première année : « Tous ces gens sont très gentils, mais on est trop différents pour qu'ils deviennent un jour des amis. » Je suis bien obligé de me contredire, car plusieurs couples, surtout des musulmans, sont vraiment devenus des amis, qui nous font grandir, nous dépouillent de notre superficiel, et nous rappellent de nous en remettre constamment au Bon Dieu. Lorsque nous quittons la cité pour un week-end et des vacances, nous sommes très heureux d'y revenir. Désormais, c'est chez nous. C'est là qu'est notre vie. C'est là que vivent les gens que nous aimons.

Pourtant, de cette joie profonde surgit rapidement une vraie difficulté : et nos familles ? et nos amis d'avant ? Plus le temps avance et plus nous nous sentons écartelés entre ce que vivent les gens de notre milieu socio-religio-culturel d'origine et ce que nous donnent à vivre les habitants d'origine étrangère, souvent musulmans et pour la plupart bien pauvres matériellement parlant. Leur simplicité, leur foi, leur confiance en Dieu, leur vie sans moyens, leur spontanéité, tout cela nous touche beaucoup. Et, à la fois, nous éloigne de nos familles et nos amis, qui nous semblent souvent préoccupés par des sujets qui n'en sont pas pour nous : le prix du mètre carré à Marseille quand on achète un appartement, les taux d'intérêts à la banque, le lieu des prochaines vacances, les dîners mondains où on se force à sourire à des gens que l'on ne connaît pas, les augmentations de salaire, etc. Nous passons nos journées avec des familles gagnant entre 450 et 600 euros par mois, vivant à cinq ou six, parfois même à deux familles, dans un T3 et se réjouissant de leurs merveilleuses vacances qui ont consisté à aller tous les après-midis au parc d'à côté.

Cependant, il n'est pas question pour nous de renier tout ce qui nous a façonnés, notre famille qui nous soutient dans notre démarche, tous nos amis des beaux quartiers qui, pleins de prévenance, pensent à nous inviter pour nous faire prendre l'air. Nos centres d'intérêts ne sont certes plus les mêmes, mais nous ne voulons pas non plus tomber dans l'admiration béate de ceux qui voyagent un peu et s'extasient de la vie simple des pays pauvres, au point de renier le monde d'où ils viennent. Il est vrai que, par notre vie dans la cité, nous goûtons à une autre réalité : la joie d'aller vivre en banlieue, parce qu'on y découvre le Christ à travers les pauvres. Mais, en même temps, il nous faut apprendre à respecter d'autres choix de vie, préoccupations et sujets de discussion. Il serait d'ailleurs paradoxal de vouloir vivre un amour fraternel avec les plus éloignés, si nous ne le commencions pas par nos prochains immédiats, nos parents, nos frères et sœurs, nos amis de toujours. C'est un écartèlement permanent.

Nous sommes sortis de notre moule d'origine. Et savons que nous n'entrerons jamais complètement dans celui de la cité. Car nous n'y sommes pas nés, nous n'y avons pas grandi, n'y passerons pas notre vie. Car nous sommes des « Français » et que, comme nous l'a dit Aurélia, « les gens comme vous, ça vit dans des villas. » Nous ne sommes plus des beaux quartiers, nous ne sommes pas encore de la cité. Nous sommes entre ces deux mondes, celui dont nous venons, celui vers lequel nous allons.

Ce n'est pas toujours confortable. Mais au fond de nous, nous comprenons petit à petit que nous devons être un pont entre ces deux mondes, celui de la banlieue et l'« autre ». Un pont entre des univers qui se côtoient au quotidien sans se parler, pour permettre leur rencontre.

CHRONIQUE DE L'ASCENSEUR

– Épisode 5 –

Les voisins sont encore restés bloqués, avec deux petits enfants. Les habitants du bloc commencent à vraiment s'énerver. L'ascenseur est au cœur de toutes les conversations. Je passe à la direction de l'agence du bailleur social qui gère la cité, pour faire remonter le problème et demander le remplacement de l'appareil. « J'ai demandé un diagnostic des pannes et il n'est tombé que 16 fois en panne en trois mois », me dit-on.

Oui, que 16 fois.

– Ça fait plus d'une panne par semaine, tout de même, fais-je courtoisement remarquer. Est-ce que ça ne vous coûterait pas moins cher de le changer une fois pour toutes ?

– De toute façon, moi, je ne suis pas ascensoriste. Et puis, tant qu'il n'y a pas de danger pour les habitants…

Oui, c'est vrai. Attendons qu'il y ait un mort, puis on le changera.

Étage 6

Inch Allah

Papa, maman… et quatre garçons. Des beaux gars, qui savent ce qu'ils veulent faire de leur vie. On passe souvent du temps ensemble. Avec les garçons, les problèmes ne sont pas les mêmes qu'avec les filles. Des discussions à n'en plus finir, il y en a moins. Parfois, c'est plus simple à gérer. Un peu de sport, une activité physique, un barbecue et tout le monde est content. Bien sûr, le travail éducatif reste constant quand on emmène, pendant quelques jours, loin de Marseille, des ados qui font une tête de plus que soi et auraient de quoi nous mettre au tapis facilement, qui sont drogués au porno et ne peuvent vous dire bonjour sans vous traiter de tous les noms. J'ai mis un peu de temps à comprendre que, pour certains, dire : « Nique sa race ! », signifie « Bonjour ! » Il faut poser un cadre, des règles, il faut qu'ils nous respectent et nous devons les y emmener par d'autres moyens que la force physique. Travail intéressant dans l'univers de la cité où c'est la loi du plus fort qui régit les rapports entre les jeunes (et les moins jeunes), mais travail harassant. On prend plaisir à le raconter dans un livre car on est fier de l'avoir fait, mais plus d'une fois j'ai fini le soir en larmes à me demander ce que je faisais là à essayer de remettre sur le droit chemin des ados qui n'en avaient rien à faire de moi et de mon baratin et qui, aussitôt revenus dans le quartier, redevenait comme avant, comme si ces quelques jours hors du quartier n'avaient rien changé. Sans parler des moments où l'on peut avoir peur… Un jour, nous décidons de raccompagner un jeune qui pose vraiment problème, se bat avec les jeunes, insulte les animateurs et vomit des phrases pornographiques à longueur de journée. Lorsque je lui annonce son retour à Marseille, il explose et tente de m'étrangler. À trois, nous réussissons à le mettre dans la voiture, où un animateur bien musclé lui maintient les mains pour qu'il n'étrangle pas non plus la conductrice. Curieusement, je garde de cet épisode et de quelques autres du même acabit un souvenir mitigé : bien sûr, j'ai eu peur. Et en même temps, en y repensant, je suis convaincu que mon ange gardien était à côté de moi et que le Bon Dieu me donnait la force dont j'avais besoin pour tenir bon dans ces épreuves. Si l'on m'avait dit un jour que j'aurais à vivre cela, j'aurais dit : « Jamais je n'en serai capable. » Effectivement, je n'en suis pas capable. C'est Dieu qui donne la force.

☆

Nous aimons que nos escapades avec les jeunes ou les familles de la cité répondent à différents objectifs, comme le goût de l'effort, l'esprit de service, la débrouillardise, l'émerveillement, l'ouverture culturelle et spirituelle. Nos camps se déroulent donc toujours sous tente, pour favoriser une vie simple, en contact avec la nature, dans l'esprit scout. Nous voulons montrer aux jeunes que l'on peut passer une semaine avec des moyens simples et des activités type grands jeux, concours cuisine, veillées, etc., sans forcément passer par le bowling ou le karting. Et sans dépenser beaucoup d'argent. Nous souhaitons aussi qu'ils rendent service – ménage, vaisselle – et participent à une « BA » (bonne action). Celle-ci est souvent l'occasion de cocher la case « Ouverture culturelle et spirituelle » dans les abbayes où nous campons. Les jeunes passent un long temps à travailler et parler avec les frères ou les sœurs qui nous accueillent. Il y a un certain exotisme à entendre nos petits caïds interpeller (chacun ses réseaux) : « Hé m'dame ma sœur, je les mets où les œufs des poules ? », ou encore à voir nos ados filles (d'ordinaire si fatiguées) courir dans la colline derrière le frère Lavande pour l'aider à faire sa moisson. L'ouverture culturelle passe aussi par la mixité que nous créons dans ces séjours, en mélangeant dans un même groupe des jeunes scouts de Versailles avec nos jeunes de Marseille. Ou deux familles de la cité avec deux familles des beaux quartiers parisiens.

☆

En arrivant, j'imagine spontanément qu'il faut s'adresser en priorité aux jeunes qui traînent dans la rue, qui décrochent scolairement, qui trafiquent de temps à autre pour se faire quelques sous. Nous avons donc pris l'habitude de nous occuper d'un groupe d'adolescents assez durs et en voie de désocialisation avancée, qui m'ont donné quelques sueurs froides, s'envoyant des chaises à la figure en plein repas et bravant tous les interdits que nous osions leur poser. Avec eux, je vais de traumatismes en traumatismes, ayant l'impression de dépenser une énergie folle pour des jeunes qui, au final, ne le méritent pas. Pourquoi me plier en quatre pour des ados qui continuent à m'insulter, à dire que tout ce qu'on leur propose est nul, à n'obéir qu'à une seule loi, celle de la jungle et ne montrent jamais une once de reconnaissance, ne lâchent jamais un « merci » sincère et ne témoignent d'aucune sympathie pour nous ? D'autant que, pendant que je me tue à la tâche pour ces jeunes, d'autres, au prix de sacrifices importants, restent chez eux pour travailler, ne traînent pas dans la rue, font des efforts pour accepter les règles que nous fixons et, même s'ils ne vont pas jusqu'à la reconnaissance, ont un vrai respect pour les étrangers que nous sommes pour eux. Alors, ne sont-ce pas plutôt ceux-là, les méritants, pour qui il faudrait organiser des activités, comme pour les encourager dans ces efforts qu'ils font au quotidien pour ne pas se laisser emporter par la rue, les belles voitures et l'argent facile ? Quand on a 15 ans en cité et qu'on décide de continuer le lycée, sans gagner un centime, n'est-ce pas courageux, voire héroïque ? Ces héros des cités, qui tiennent bon quand les autres lâchent, qui étudient quand les autres décrochent, qui restent enfermés chez eux quand les autres vivent dans la rue, pourquoi est-ce précisément à eux qu'on ne propose rien ? Sous prétexte qu'ils sont sérieux et marchent droit, on se dit qu'ils ne sont pas prioritaires. Comme d'habitude, ce sont toujours pour ceux qui crient le plus fort et posent le plus de problèmes qu'on se démène.

C'est pourquoi je décide une fois de partir avec des grands gaillards de 16 à 18 ans, tous au lycée, en filière générale. Polis, sportifs, calmes. Et à qui j'explique :

> Je t'emmène car tu le mérites. Tu travailles, tu ne traînes pas dehors, tu ne joues pas au voyou. C'est pour cela que je te choisis toi, parce que tu fais des efforts pour te sortir de cette cité et de cette misère qui t'entoure. Et qu'il est juste que tes efforts soient récompensés. C'est ça, le mérite.

Et je dis la même chose aux parents, heureux d'entendre dire du bien de leur enfant.

Au programme : trois jours dans les Hautes-Alpes, via ferrata, run&bike, randonnées, nuits en bivouac, alimentation en rations militaires. À la dure, car rien de mieux, pour renouer avec la réalité, qu'une nuit à même le sol ou qu'un repas affreux constitué de riz lyophilisé qu'on n'a pas réussi à faire chauffer à cause du feu trop faible soufflé par un vent trop fort qui aura eu raison de la température attendue de l'eau… stagnante du ruisseau car, bien sûr, on ne sait pas qu'il ne faut pas prendre de l'eau dans un ruisseau à l'endroit où elle stagne et qu'elle est encore moins buvable si on n'a pas eu le temps de la faire bouillir. Bref, à la dure.

☆

Premier matin. Les gars ne se connaissent pas trop entre eux. Chargement du camion. Abdallah propose de m'aider. Première joie, car ce n'est pas vraiment habituel. Trajet, quasiment en silence. Un silence qui me fait presque peur. Habitué aux hurlements de Skyrock, je me demande si je ne suis pas en train d'emmener six jeunes dépressifs qui ne réclament même pas leur musique. Non, c'est justement la confirmation que j'emmène six jeunes solides, bien dans leurs baskets, qui n'ont pas besoin d'entendre leurs lots de vulgarités matinales pour être en forme. Certains poursuivent leur nuit, d'autres parlent tranquillement ou restent en silence. Cela ne m'est jamais arrivé. À propos de musique, j'apprends, grâce à ce silence, qu'Abdallah n'écoute plus aucune musique depuis un an car l'imam a dit que la musique, c'est « haram ».

– Ah bon, tu as entendu ça où ?, lance Whalid.

– Il suffit de faire un peu attention à ce qu'il dit le vendredi à la mosquée et de se renseigner un peu.

– Ouais, je sais mon frère, mais c'est trop dur, je ne peux pas. J'essaye de ne pas écouter, mais c'est dur !

Abdallah n'a pas nié que c'était dur, n'a pas jugé son ami qui écoutait de temps en temps ni les autres qui continuaient d'écouter leur musique, pourtant aussi musulmans que lui. Il n'a rien dit. Belle leçon : j'aime beaucoup écouter de la musique, ou même la radio dès que je suis en voiture. En carême, je fais l'effort de ne pas en écouter, pour plonger dans le silence. Mais dès que Pâques passe, c'est reparti pour les décibels. Abdallah, lui, n'écoutait rien depuis un an, par respect de ce que l'imam lui avait dit. Par respect des prescriptions d'Allah. On peut trouver ça ridicule, inutile. J'ai trouvé ça très fort de sa part. Il me donnait une leçon d'ascèse auditive qui me ferait tellement de bien.

☆

Aire de Ganagobie.

– Si on continue, on arrive à Sisteron ? me demande Whalid.

– Oui, pourquoi ?

– J'y étais il y a trois jours…

– Ah, tu étais en vacances ? demandé-je naïvement.

– Non, au procès d'un collègue. Pour cambriolage. Il vient d'avoir un bébé. Pas de travail, il fallait payer le loyer. Il a cambriolé. Il s'est fait choper. Comme il y a eu course-poursuite, ça a rajouté. Il a pris 18 mois fermes. C'est con, quand même.

Oui, c'est idiot. Aussi idiot que moi, qui l'imaginais parti faire un petit tour en camping en famille. Non, sa famille, quand elle vient à Sisteron, c'est pour aller au tribunal soutenir un jeune père de famille qui part en prison sous le regard de sa copine en pleurs, alors que son bébé tête comme s'il ne saisissait pas le drame qui se joue autour de lui. C'est ça, les Hautes-Alpes, pour Whalid. Par cette courte discussion, je réalisais encore une fois l'éloignement de nos mondes respectifs.

☆

Arrivés à destination, nous sommes accueillis par un ancien militaire, précédemment rencontré lors d'une journée au sein d'un régiment avec des adolescents « difficiles ». Pour ceux que l'on considère parfois un peu trop vite comme perdus – certains n'en sont certes pas loin, malheureusement –, l'armée reste un outil intéressant. Elle les fait rêver, car elle est synonyme de Famas, d'embuscades et de défi sportif. Elle nous fait rêver, nous éducateurs, car elle raconte aussi l'amour de la France, le service de la Nation, le dépassement de soi, l'esprit d'équipe. Elle valorise la force, plutôt que la violence. Elle promeut l'autorité, plutôt que le pouvoir. Elle encourage le mérite : avec elle, rien n'est un dû. Elle parle plus de devoirs que de droits. Elle donne ce cadre que nos jeunes des rues attendent pour s'y confronter, celui que notre société ne daigne même pas leur offrir. L'armée, quand elle vit toutes ces valeurs, quand le chef montre à ses subordonnées combien il a besoin d'eux car ce sont eux qui ont les mains dans le cambouis, quand ces mêmes subordonnés savent combien ils ont besoin de leur chef car c'est lui qui décide, quand elle enfonce, seulement pour mieux enraciner la plante folle qui, demain, poussera mieux, l'armée est belle, elle est utile, elle est nécessaire. Et notamment pour nos jeunes des cités, tellement en demande de ce cadre si particulier qu'ils ne trouvent nulle part et qu'ils réclament tant !

En vivant en cité, au contact de ces jeunes, j'ai ainsi compris le drame d'avoir supprimé le service militaire. Moi qui avais jubilé en apprenant que je n'aurais pas à le faire – j'avais de toute façon prévu depuis longtemps de partir en coopération pour éviter ce fameux service –, et qui n'avais pas saisi pourquoi mon grand-frère s'engageait dans l'armée pour aller tuer d'autres hommes, moi qui n'ai jamais aimé les uniformes, les drapeaux, les hymnes, les armes et tout ce qui va avec, j'ai compris. Le service militaire, c'était tout cela, certes, mais c'était aussi l'apprentissage de la discipline, de la ponctualité, du respect, du mérite, du dépassement de soi, du courage, de la force. C'était aussi un *melting-pot* où toutes les couches sociales et les couleurs de peaux se côtoyaient dans une promiscuité qui, avec un peu de boue et de transpiration, devenait fraternité. Cathos, bobos, fachos, anarchos, Français d'origines européenne, gitane, maghrébine ou pakistanaise, tous pétris de leurs certitudes, les laissaient petit à petit tomber en même temps qu'ils enfilaient leur treillis. Ils apprenaient les uns des autres. Le Gitan découvrait le bobo, le catho devenait ami avec le musulman. Le facho et l'Arabe jouaient aux cartes ensemble. Et le Pakistanais offrait la tournée à tout le monde. Avec le service militaire, c'était un peu de la Nation française qui se construisait. Cette conscience d'appartenir, chacun avec ses particularités, à un groupe commun, à une communauté qui nous dépasse, que l'on doit servir et envers qui l'on a des devoirs. Aujourd'hui, si le Gitan ne croise plus le bobo, si le facho ne joue plus aux cartes avec l'Arabe, si le catho ne rencontre plus de musulman et si le Pakistanais cuve son vin tout seul dans un campement de Calais en attendant de traverser la Manche, est-ce que la suppression du service militaire n'y est pas pour quelque chose ? Faire revivre, même le temps d'une journée ou de quelques jours, ces cadeaux – oui, ce sont des cadeaux – qu'offre encore l'armée, voilà ce que j'ai essayé. Mini-camp avec la Légion étrangère, journée à Toulon sur un bateau de la Marine nationale, journée au régiment : quelques petites graines semées… en espérant que d'autres les arroseront.

Sensible à notre démarche auprès des jeunes des cités, cet ancien militaire avait proposé de nous organiser un raid-aventure dans les Alpes. Dès les présentations, les jeunes l'interrogent et il joue la franchise :

> – J'ai été militaire, donc oui, j'ai déjà tué des personnes. Quand tu es en opex et que c'est la guerre, tu n'as pas le choix !

Le séjour commence fort :

> – Tu nous emmènes en camp avec un mec qui en a buté d'autres ?, me demande Abdallah.
> – Oui. Si on te demandait de tuer quelqu'un qui volait, violait, tuait, brûlait tout sur son passage. Tu aurais fait quoi toi ?
> – Ah non, on peut pas tuer, c'est un péché, intervient Elyes.
> – Alors là, la vie de ma mère, si le mec c'est un assassin, je le bute aussi.

– C'est de la légitime défense ?

– M'en fous. Il bute, je bute.

– Tu as pas le droit, mon frère, il n'y a que Allah qui décide de la vie ou de la mort. Tu peux pas tuer !

– Ah ouais, et si c'est ta sœur qui se fait violer sous tes yeux ?

– Ma sœur, c'est pas pareil !

– Et la fille qu'il va violer juste après, si tu le tues pas, c'est bien la sœur de quelqu'un, non ?

Et c'est parti pour un grand débat entre tous les jeunes sur le droit – ou non – de tuer en temps de guerre. J'écoute, attentif. Les jeunes réfléchissent, sont vifs. Ils cherchent à se convaincre entre eux. Ils n'ont pas les mêmes avis. Il y a quelque chose d'étonnant à voir ces jeunes assis au bord d'une rivière, perdus au fin fond des Alpes, discuter d'un sujet si sérieux. Je jubile en découvrant leur soif de comprendre, de débattre, de convaincre par leurs joutes oratoires. Moi qui ai parfois tant désespéré de ne pas tenir une seule conversation sérieuse avec certains « gars » qui ne s'expriment que par onomatopées, je goûte un peu de cette vivacité d'esprit.

Elle aura été un trait commun de tout ce séjour. Le soir même, les jeunes s'éloignent discrètement, chacun avec sa serviette de bain sur l'épaule. L'heure de la toilette ? En quelque sorte. En fait, ce sont les ablutions, pour la prière. Et la serviette, en plus de faire serviette, sert également de tapis. À la guerre comme à la guerre ! Le soleil se couche, c'est l'heure de se tourner vers La Mecque. J'en profite pour aller marcher un peu, je récite mon chapelet. Chacun revient de sa prière vingt minutes plus tard, et les questions fusent :

– Tu as prié aussi ? Tu pries comment ?

– J'ai dit le chapelet.

– C'est quoi ?

– C'est ça, dis-je en montrant l'objet concerné. Je récite dix fois une prière qui s'appelle le Notre Père, et cinquante fois le Je vous salue Marie.

– C'est tarpin long ! Tu pries combien de fois par jour ?

– Ça dépend. Il y a plein de prières différentes : l'Angélus, par exemple, c'est trois fois par jour. Il y a les offices aussi, sept fois par jour. Mais on peut aussi avoir la messe tous les jours, des temps de louange, des temps de prière personnelle, d'oraison. On peut réciter le chapelet. Si on veut, on a suffisamment de prières pour prier toute la journée !

– Je ne savais pas que les chrétiens priaient autant. C'est bien…

– Et toi, tu as dit quoi pour ta prière ?

Je ne me souviens plus de sa réponse alors, mais la discussion part sur les hauts faits du prophète Mahommet (« Salla Allâhu ‘alayhi wa sallam », disent-ils dès qu'ils prononcent le nom du prophète), qui à tel moment a passé mille hommes au fil de sa seule épée, et tel descendant du prophète qui a combattu je ne sais plus combien d'heures, et réussi tant d'exploits ! J'écoute ces jeunes s'exalter mutuellement de ces actes héroïques – ou ressentis comme tels – de ces épopées, de ces victoires écrasantes du prophète et de tous ses disciples, je les entends se raconter l'Espagne musulmane d'avant la Reconquista, présentée comme un havre de paix qu'il faudrait tellement retrouver, je m'étonne de leurs connaissances si précises de tel ou tel hâdith qui raconte l'un ou l'autre événement fabuleux qui permit l'expansion de l'islam à la moitié du monde… Mais aucun héros Français, Gaulois, européen, chrétien dans leurs épopées et dans leurs histoires chevaleresques. Pas de Roland, pas de Lancelot, pas de Charlemagne, pas de Vercingétorix, pas de Louix XIV, pas de Napoléon, pas de Clovis, encore moins de Saint-Louis, pas de Constantin ni aucun autre empereur, personne. Juste le Prophète et ses disciples. Leurs héros, leurs modèles, leur Panthéon. Et on voudrait qu'ils se sentent héritiers de l'histoire de France, pour en être acteurs à leur tour ? Encore faudrait-il que ladite France leur raconte cette histoire qui est la sienne, qu'elle les fasse rêver avec tout ce qu'elle a réalisé de beau et de grand, plutôt que de passer son temps à s'excuser pour tout ce qu'elle a fait de mal. Mais non, elle ne dit plus rien, la France. Elle n'a rien fait de bien, et elle n'aura jamais fini de s'excuser de tout le mal qu'elle a répandu dans le monde. Et elle croit qu'en faisant cela, elle se fera pardonner… J'aurais pu prendre la parole, raconter les épopées de mon Panthéon à moi – et encore, je pense que mes récits auraient été beaucoup moins précis que les leurs, qu'ils écoutent en boucle dans leurs mp3 – tenter de les faire vibrer pour cette France et son histoire. Mais je ne l'ai pas fait, accablé par ce sentiment d'arriver trop tard. Mon pays, leur pays, n'est rien pour eux. Cela aurait résonné dans le vide. Car c'est cela, l'histoire de France pour eux : un vide infini.

Et on ne peut même pas leur en vouloir. Il n'y a pas de leçons, rien à faire réciter. Juste des documents à étudier, trois questions pour une double page. Chaque élève se fait sa propre leçon avec ses propres réponses, dont le professeur n'aura même pas l'occasion de vérifier la justesse, car on ne peut contrôler un cahier sans prendre le risque de voir les 29 autres voler dans tous les sens. Chacun repart chez soi avec trois phrases prises au hasard dans des documents, histoire d'écrire quelque chose. Ça servira de leçon. Ça servira d'histoire de France. Forcément, à côté de cela, les hadiths du prophète écoutés en boucle, dans sa langue natale, dans la langue qu'on parle à la maison, dans la rue, dans la cour de l'école même, ça rentre plus. Ça marque la mémoire. On s'y identifie. Ça nous parle de nous, de notre passé, de notre culture, de notre histoire, de nos aïeux. Pas de cette France où j'ai atterri par hasard et où je passe neuf mois par an, intermède un peu long entre trois mois de bled où on va retrouver la terre-mère. Celle qui a une histoire, celle qui est fière. Pas celle qui s'écrase dès que l'occasion se présente… et même quand elle ne se présente pas.

Randonnée le matin. Course à pied l'après-midi pendant 14 km. Vélo pendant 10 km. Je n'ai jamais fait autant de sport de ma vie en une seule journée. Je suis vidé. Les jeunes aussi, eux qui passent leur temps à faire de la musculation et à comparer leurs biceps et pectoraux. Des atours qui font bien devant les demoiselles, mais qui ne sont pas synonymes d'endurance. Ils sont aussi fatigués que moi. Il faut dire que le déjeuner, en plus, a été expédié : nous avons fait le pari de tenir trois jours avec deux rations militaires par personne. Normalement, ça passe. Mais, malgré des rations « sans porc », les jeunes ne mangent presque rien, car la viande des plats préparés n'est pas halal. Ils avalent donc rapidement un nougat, trois gâteaux bien durs comme on en trouve dans ces fameuses rations et amdulillah ! Entre la fatigue et le ventre creux, les tensions arrivent vite : ça commence à chauffer. Le soir, on installe le bivouac avec les dernières forces qui nous restent, mais je sens l'ambiance tourner. Il faut remotiver les troupes. Nous décidons d'acheter de quoi reprendre du poil de la bête. Exécution : nous courons vers le camion (qui était à plusieurs kilomètres du bivouac, non accessible en voiture !) pour arriver à la ville avant la fermeture du magasin. Et là, j'annonce, grand prince : « Barbecue pour tout le monde ! » Les jeunes ne disent rien, ils prennent quelques paquets de chips, des sodas. Et moi, je me jette sur les premières saucisses et merguez que je trouve. Je calcule les proportions, mais Abdallah s'approche de moi : « Elles ne sont pas halal, donc n'en compte pas pour nous. » Il me le dit d'autant plus facilement qu'il sait très bien que je mets un point d'honneur à ne jamais prendre de viande halal dans nos activités. Je l'ai toujours expliqué aux parents et aux jeunes : ils sont musulmans, mais il y a aussi des chrétiens, et je n'ai pas à avantager une communauté plutôt qu'une autre. En outre, notre association est laïque. Donc je prends de la viande normale, bénie ni par le curé ni par l'imam. Ceux qui ont faim mangent. Et de toute façon, il n'y a jamais QUE de la viande. Il y a toujours de la salade, du fromage, des chips, bref, de quoi se rassasier pour qui ne voudrait pas ne pas manger halal. Ça n'a jamais posé de problème. Encore une fois, quand les choses sont dites en toute vérité et charité, il n'y a aucun malentendu. Les règles sont claires, assumées, expliquées, comprises et acceptées par tous.

Mais ce jour-là, c'est différent. Depuis le début du séjour, les jeunes ont un très bon comportement. Il y a bien des petites choses à reprendre ci et là, mais rien de grave. Ils sont polis, respectueux, enthousiastes et participent à toutes les activités. Ils rendent service. Ils ont couru et pédalé toute la journée. J'ai envie que le dernier soir soit comme une petite fête. Je veux, d'une façon ou d'une autre, récompenser leurs efforts.

> Ok, ce soir, je vous offre des steaks halal, leur dis-je. Ce n'est pas dans mes habitudes, vous le savez, mais ce soir, ça me fait plaisir de vous offrir cela. Vous êtes un super groupe. Vous le méritez.

Les jeunes n'ont rien réclamé. Je ne cède donc en rien à une revendication qui aurait pu être communautariste. Je suis juste heureux de leur faire plaisir.

Le dîner du soir vient cependant ternir un peu de cette joie qui m'anime : il y a deux grilles pour le barbecue, une pour les saucisses de volailles, une pour les steaks halal (il ne faut pas mélanger. Certains des jeunes craignent même que les fumées ne se croisent et que leur viande en soit souillée...). Les premières ayant cuit bien plus vite que les deuxièmes, le rythme du dîner n'est pas le même pour tout le groupe. Comme pour les traditionnels chamalows grillés : sous prétexte qu'ils ont de la gélatine, l'un des jeunes décrète qu'il ne faut pas en manger.

– Non, c'est juste quand c'est de la gélatine de porc qu'on ne peut pas, lui rétorque Youran.

– Oui, mais quand il y a écrit « gélatine », on ne sait pas laquelle c'est. Donc comme on ne sait pas, on n'en prend pas.

– Ça peut être de la gélatine végétale. Si c'est de la gélatine de porc, ils l'écrivent sur les paquets. Si ce n'est pas écrit, c'est que c'est de la gélatine végétale, donc on peut en manger.

– Non, si ce n'est pas précisé, on ne peut pas au cas où il y ait du porc.

Et il suffit que l'un dise que c'est « haram » pour que tous les autres se plient à l'interdiction. Crainte du regard des autres ? Poids de la communauté ? Là-dessus, notre ami militaire arrive et demande : « Mais est-ce que vous savez au moins pourquoi vous n'avez pas le droit de manger du porc ? » Personne ne répond. Personne ne sait. Les jeunes se plient à une règle, mais sans savoir pourquoi. Ce soir-là, je suis heureux d'avoir fait un cadeau. Mais triste de constater qu'au nom du respect de principes religieux, nous ne mangeons pas ensemble ni ne grillons joyeusement nos chamalows…

Le lendemain, autre trajet, autre sujet. Ça commence presque banalement. Whalid raconte qu'un jeune de son lycée s'est fait tuer devant ses yeux, au snack où il prenait un kebab entre midi et deux.

– La vérité, c'est traumatisant. Le mec, il est là, il joue au flipper. Une minute après, il est devant toi, mort, par terre. Une balle dans la tête. Le tueur, il est entré, il avait un casque avec une visière. Il a sorti son flingue. Cash.

– Ah, mais j'ai entendu parler de cette histoire. C'était à cause d'une fille, non ?

– Ouais, la gadji, elle était sortie avec l'autre. Il était jaloux, il a pas supporté.

– En même temps, ça se fait pas, tu sors pas avec la gadji d'un autre…

Je me glisse dans la conversation.

– Et pour toi, c'est une raison valable pour tuer ?
– Non bien sûr, mais bon, faut bien se défendre. Quand quelqu'un te provoque, tu réponds. On est des hommes, non ? On va pas se laisser faire !
– Oui et non. En tout cas, en tant que chrétien, tu sais ce que j'en pense.
– Ouais mais vous, vous êtes fadas. Quand on vous tape d'un côté, faut que vous vous fassiez taper de l'autre.
– Oui, c'est ça. Enfin, c'est une façon de dire que la seule réponse qu'on doit apporter à la violence, c'est l'amour de notre ennemi. On ne doit pas essayer de répondre par la violence. On doit juste prier pour lui, pour que Dieu touche son cœur et qu'il change. Je ne dis pas que j'y arrive, mais c'est que Jésus nous demande.
– Vous, les chrétiens, vous avez la religion la plus pacifique du monde. Nous, les musulmans, quand on nous attaque, on riposte.

En guise de réponse, je relève que, pour moi, ce n'est pas une bonne solution. Dans toute l'histoire de l'humanité, on constate que ces comportements n'ont fait qu'entretenir la violence, qui se déchaîne de façon encore plus importante. Et après, cela donne des conflits comme la Syrie où les musulmans s'entre-tuent même entre eux ! Absurde, non ?

– Non, ce n'est pas pareil. En Syrie, ce sont des musulmans contre des chiites. Les chiites, ce ne sont pas des musulmans, ils vénèrent Ali, ce sont des idolâtres. Des hérétiques.

– Et eux, ils tuent des vrais musulmans, comme nous, des sunnites.

– Et ça c'est un très grand péché. Tu ne dois jamais faire couler le sang d'un musulman. C'est sacré.

J'entre à nouveau dans le débat.

– Et le sang du chrétien ?

– Ben… C'est pas pareil. Mais bon, on défend aussi les chrétiens. En Syrie, nos frères musulmans, ils reconstruisent des églises dans les villages chrétiens que Bachar Al Assad bombarde.

Je lui laisse le bénéfice du doute. Peut-être est-ce vrai. Je lirai dans la presse, quelques jours après le retour du camp, que des chrétiens ont été victimes d'exactions abominables en Syrie. Forcément, cela m'a un petit peu fait douter de ce que m'avait dit Elyes. Je le questionne :

– Tu serais prêt à aller faire le djihad, toi ?

– Pour aller au djihad, il y a plusieurs éléments à prendre en compte. Et d'abord, tu n'as pas le droit d'y aller si tu n'as pas l'autorisation de tes parents.

– Faux, mon frère, lui répond Whalid. Si c'est une guerre juste, tu n'as pas besoin de l'autorisation. Et la Syrie, c'est une guerre juste, parce qu'ils tuent des musulmans.

Abdallah coupe court :

– De toute façon, il faut tous commencer par le djihâd intérieur. Sinon, le reste ne vaut rien.

Je les relance sur les fameux « printemps arabes » qui ont enflammé l'Afrique du Nord deux ou trois ans auparavant, remarquant que, depuis, dans beaucoup de pays, c'est la charia qui est appliquée.

– Vous trouvez que c'est bien, la charia ?

– Évidemment, répond Elyes, ce sont les lois de Dieu.

– Jusqu'à lapider une femme si elle est en situation d'adultère ?

– Non, ça, on ne peut pas, intervient Whalid. C'est trop strict. De toute façon, on n'a pas le droit de tuer quelqu'un. C'est Allah qui décide de la vie et de la mort.

– Tu n'as pas le droit de dire que les lois de Dieu sont strictes. Ce sont les lois de Dieu, on les applique, c'est tout.

– Je suis pas d'accord, mon frère. Je dis que c'est strict, et c'est vrai.

– Non, tu n'as pas le droit de juger les lois d'Allah ! Même si c'est ma mère ou ma sœur qui est concernée, j'appliquerai la loi.

– Tu serais prêt à être témoin pour une lapidation ?

– Je te dis pas que j'y prendrai du plaisir, mais oui, s'il le faut. C'est Allah qui le demande.

– T'es taré…

Whalid tient bon face à son ami. Il refuse de céder, convaincu au fond de lui de l'infini respect que l'on doit à toute vie humaine. En sortant de la voiture, il me glisse dans l'oreille : « Ils sont fadas, eux. Ce sont des terroristes, il faut pas dire ça. C'est pas ça, l'islam. » Le même Whalid défend, quelques minutes plus tard, le « terroriste » Elyes, face à Youran, qui déplore que des parents tapent leurs enfants pour les obliger à apprendre le Coran :

– Il n'y a rien de mieux pour les dégoûter du Coran. Vaut mieux que la maman s'installe à côté de son enfant, elle le lit avec lui, elle lui explique.

– Oui, mais quand même tu peux le taper pour qu'il prie ou qu'il apprenne. Tu verras, quand il arrivera au Paradis grâce à ça, il sera reconnaissant à sa mère de l'avoir autant tapé !

☆

Ascension du pic de Charance. Je raconte aux jeunes le pèlerinage que j'ai fait l'année précédente en Terre Sainte. Ils sont remontés à bloc contre Israël et les conditions de vie qu'ils imposent aux Arabes, chrétiens ou musulmans. Et la question surgit : « Toi, si tu croises un juif, tu dois l'aider ? »

Je réponds qu'en tant que chrétiens, nous n'avons pas à faire de distinction entre les personnes. Seul Dieu connaît les cœurs. Alors que le nécessiteux soit juif, musulman, chrétien, bouddhiste ou zoroastrien, on ne se pose pas la question : on aide notre frère qui, comme nous, est aimé du Père. « Il n'y a plus ni Juif ni Grec ; il n'y a plus ni esclave ni homme libre ; il n'y a plus ni homme ni femme : car vous n'êtes tous qu'une personne dans le Christ Jésus », dit saint Paul.

Au bout de deux heures de marche assez éprouvante, on arrive au sommet. Un silence assourdissant. Les jeunes n'en croient pas leurs yeux. Le spectacle qui s'offre à nous est magnifique. Ils ne veulent plus bouger. Ils s'émerveillent.

Mettez-vous en plein les yeux, les gars, invite Whalid. Parce que dans quelques heures, on sera à

Marseille, la ville la plus crade du monde, où il y a trop d'Arabes : Bougnoules-land !

Et tous éclatent de rire.

Quelques heures plus tard, nous sommes à Marseille. Je dépose Elyes et Youran chez eux, dans une petite ruelle qui ressemble à un coupe-gorge, au fond d'un quartier qui ne me plaît guère. Je demande à Elyes par où je peux ressortir. « Parce je n'aime pas trop ici, y a trop d'Arabes ! », lui glissé-je avec un clin d'œil. Et Elyes rit franchement.

En rentrant chez moi, je réfléchis à ce camp. Je suis exténué mais profondément heureux. Je suis convaincu que, contrairement à d'autres fois où l'on travaille davantage le côté éducatif et où j'ai l'impression que tout s'envole aussitôt qu'on arrive dans la cité, ce camp-là a changé les cœurs en profondeur. Par tous les sujets abordés, par nos temps de prières respectifs, par les efforts physiques que nous avons partagés, par l'amitié qui s'est créée, plus jamais ces jeunes-là ne poseront le même regard sur des chrétiens. De m'avoir vu prier. De leur avoir expliqué qu'ils n'étaient pas les seuls à jeûner. De leur avoir partagé que, si même le Coran dit que Jésus a été conçu par l'Esprit, ce n'est peut-être pas si impossible que ça qu'il soit Fils de Dieu. De les avoir remerciés de leur fidélité à la prière, qui m'a permis d'être fidèle moi aussi. Tout cela a changé quelque chose dans leur vie, j'en suis sûr. Comme ça aura changé quelque chose dans la mienne.

J'arrive dans la cité. Je me gare. Je prends mes affaires et pousse la porte du bloc. Ouf, l'ascenseur fonctionne.

CHRONIQUES DE L'ASCENSEUR

– Épisode 6 –

L'ascenseur, c'est un lieu de rencontres. On croise souvent notre voisin du 5e étage, surnommé « Le Gitan ». Chemise ouverte jusqu'au nombril. Chaîne en or qui brille. Une gitane – on ne se refait pas – déjà jaunie à la lèvre. Il est 10 heures du matin. Le Gitan est en pyjama. J'entame la conversation.

– Bonjour, ça va ?
– Fatigué...
– Oh, ça va, il est 10 heures, vous avez fait la grasse matinée !
– Oui, mais je me suis levé à 5 heures et recouché à 6 heures.
– Ah bon ? Pourquoi ?
– J'ai gardé le rythme.
– Le rythme de quoi ?

– De la prison. Ils nous réveillaient à 5 heures pour voir si personne ne s'était évadé et après, on se recouchait.
– Ah oui, bien sûr, la prison…

Comme s'il était évident que son voisin ait vécu derrière les barreaux…

Étage 7

De profundis

On craque. On n'en peut plus. On n'en peut plus de cet ascenseur maléfique tout le temps en panne. On n'en peut plus de cet appartement minuscule, où l'on a même pas la place de ranger nos affaires, où l'on se tape dans les murs en permanence, où nos filles étouffent à cause du manque d'espace, où elles s'énervent et où l'on s'énerve sur elles de plus belle, où l'on n'a même pas la place d'accueillir un quatrième enfant qu'on désire tant, où l'on est réveillé par les cris bestiaux des voisins, où la chasse d'eau de l'appartement du dessus fuit dans nos toilettes, où les coupures d'eau trop régulières nous obligent à remplir à l'avance des jerricans de réserve. On n'en peut plus de la violence incessante, des hurlements nocturnes, des descentes de police, de ce coup de feu dans la rue quand nous faisions jouer les filles au square en bas de notre bloc. On n'en peut plus de la musique orientale des voisins du dessous, de celle du camion de barbes-à-papa qui nous prend la tête avec ses « Au clair de la lune » en ritournelle, du rap hurlant des jeunes. On n'en peut plus de ces magasins où Marie-Alix s'est fait enfermer un matin parce que des braqueurs étaient entrés en moto dans la galerie marchande et dévalisaient la boutique d'à côté et où les rayons sont si souvent vides ou réapprovisionnés de façon aléatoire. On n'en peut plus de l'urine dans l'ascenseur. On n'en peut plus des feux de poubelles ou de voiture au bas de notre bloc : une nuit – femme et filles étaient en vacances et j'étais seul, grâce à Dieu –, la fumée a envahi l'appartement, ce qui m'a obligé à rester sur mon balcon entre minuit et une heure du matin, en attendant que l'air soit de nouveau respirable. On n'en peut plus de ce commissariat de malheur où la moindre démarche prend des heures, parce qu'il faut attendre que toutes les personnes venant porter plainte pour violence conjugale ou vol à main armée soient reçues. On n'en peut plus de ces gens à qui on trouve du travail et qui le lâchent au bout de quelques jours. On n'en peut plus de ces jeunes pour qui on se tue à la tâche et qui ne nous témoignent aucune gratitude. On n'en peut plus de cette misère qui nous entoure, de ces familles explosées, de ces vies brisées, de ces parents qui battent leurs enfants, de ces enfants qui insultent leurs parents, de ces vieux qui râlent en permanence parce que « c'était mieux avant ». On n'en peut plus des pauvres. Leur détresse, qui nous émouvait, nous agresse. Leurs cris du cœur, pour lesquels on voulait être une oreille attentive, on ne veut plus les entendre. On voulait vivre au cœur du merdier ? On y est bel et bien… et on se noie. On s'épuise. On explose. Toute la journée, parfois même la nuit, on ne rencontre que des personnes pour qui rien ne va, qui n'ont plus aucune espérance, que la tentation du suicide guette, qui ne connaissent pas l'amour, qui deviennent aigries, qui en viennent à se complaire dans leur misère. On n'en peut plus, enfin, de se retrouver en couple le soir pour ne parler que des personnes que l'on a aidées dans notre journée ou de celles que l'on consolera demain. Et nous, alors ? Et notre couple ? Et notre famille, cela ne compte plus ? On pleure et on a envie de fuir, de partir loin, de revenir à cette vie d'avant, de faire comme si tout cela n'avait jamais existé.

Pourtant, quelque chose nous retient. Est-ce d'être venus là, justement, parce qu'on n'en pouvait plus de faire comme si tout cela n'existait pas ? Est-ce l'orgueil, pour ne pas avouer à tous ceux qui nous prenaient pour des fous, qu'ils avaient raison, que nous n'aurions jamais dû, que c'est trop dur, qu'il n'y a plus d'espérance à avoir, qu'il vaut mieux s'occuper de soi car tout est déjà perdu ? Est-ce l'amitié avec ces quelques familles de la cité, qu'on n'ose pas lâcher quand ils nous demandent de ne pas les laisser seuls ? Nous, nous avons le choix de partir ou de rester. Eux, ils n'ont pas le choix. Leur vie, c'est ici. Et nous, sous prétexte que nous sommes épuisés, on arrêterait tout du jour au lendemain, on mettrait la clé sous la porte et on irait reprendre une vie plus classique ? Cela n'aurait pas de sens. Est-ce aussi cette petite voix intérieure qui nous rappelle qu'il n'y a pas de salut sans la Croix, qu'il n'y a pas de joie parfaite sans épreuves profondes, qu'il n'y a pas de Ressuscité s'il n'y a pas d'abord le Crucifié ?

Que faire ? Il serait facile de partir. Il suffit de le décider. Une nuit, d'ailleurs, nous avons fui. C'était le 7 avril, le soir de ce fameux petit séisme de 5,3 sur l'échelle de Richter, dont l'épicentre était à Barcelonnette. Du haut de nos onze étages, nous avons l'impression que le béton de l'immeuble s'est transformé en caoutchouc. Il bouge comme un roseau plié par le vent. C'est impressionnant. Nous entendons des cris dans la cage d'escalier. Ce sont les voisins du 10e : « Cela fait 15 ans que nous habitons ici, jamais nous n'avons vu ça. On s'en va, on reste pas ! » Mêmes hurlements apeurés au 9e. J'en ai l'estoumagade ! Courage, fuyons : n'écoutant même pas Marie-Alix, beaucoup plus sereine que moi, je réveille les filles, on leur enfile un manteau et on se retrouve dans la rue, avec tous les voisins. Je n'entends pas rester là plus longtemps : embarquement immédiat, destination la maison des grands-parents, à 20 minutes en voiture. Au moins, on dormira bien. En nous voyant partir, les voisins me disent : « C'est bien. Nous, on n'a nulle part où aller. Faudra bien qu'on remonte chez nous. Inch Allah, ça ne va pas trembler encore ! » La remarque me fait réfléchir : effectivement, nous, on a toujours un autre endroit où aller, mais pas les habitants. Nous, contrairement à nos voisins, nous pouvons quitter la cité du jour au lendemain, en un claquement de doigts. Je m'étais senti bien lâche de les abandonner ainsi, ne me souciant que de moi et des miens.

Alors, on quitte tout ? On s'en va ? Là encore, au moment où on a envie de tout lâcher, on peut fuir. Là encore, il suffit de le décider. On fait une neuvaine à saint Joseph pour savoir ? Non, il faut aussi qu'on le laisse un peu tranquille. Qu'on apprenne à se débrouiller comme des grands. De tous côtés, on nous donne des avis contradictoires. On est là, entourés comme personne et seuls au monde à la fois.

Pourtant, on prie. Pas assez, sûrement, mais comme il ne nous était jamais arrivé de prier avant. La messe trois ou quatre fois par semaine et, chaque jour ou presque, une demi-heure d'adoration, parce qu'on sait combien il est vain de vouloir aller vers les autres si l'on n'a pas les yeux fixés sur Jésus. La prière en couple, que ce soit juste un Notre Père alors qu'on est déjà à moitié endormis, ou le chapelet les soirs où l'on est motivés, on ne l'oublie pas. La prière en famille, chaque matin et chaque soir. Tous ces temps, perdus aux yeux des hommes, sont pour nous essentiels : nous sommes convaincus, à l'école de Mère Teresa, que « Quand on prie, on gagne du temps ! » Plus la journée est chargée, plus il faut prendre le temps de prier. Combien de fois avons-nous ressenti à quel point ces temps de prière offerts dans la confiance transformaient nos journées ? Une journée commencée par un long temps passé tout près du cœur de Jésus a une saveur que personne d'autre que Dieu ne peut lui donner. Alors, cette vie de prière, elle est essentielle, on le ressent bien. C'est là que Dieu nous donne la force. C'est là qu'il nous faire grandir dans la charité, pour aimer notre prochain comme il est. C'est là qu'il nous remplit d'espérance pour ceux qui n'en ont plus. C'est là qu'il se donne, tout simplement, nous enseignant dans le secret des cœurs comment nous donner à notre tour.

Mais c'est la sécheresse. On ne sait plus ce que Dieu veut pour nous. On ne sait même pas nous-mêmes. Parfois, cette situation fait naître des tensions dans notre couple et nous vivons des situations difficiles. Notre vie ici, au milieu de populations fragiles, nous fragilise aussi. Nous qui pensions être forts, solides, résistants, nous nous découvrons faibles et petits. Nous qui voulions aider les pauvres, nous faisons l'expérience de notre propre pauvreté. Nous touchons nos limites, avec cette question essentielle : « Allons-nous fuir cette faiblesse et cette pauvreté que nous découvrons chez nous ? » C'est douloureux, mais nous savons qu'il nous faut répondre « Non ! » à cette interrogation. Nous devons accepter, humblement. Accepter d'avoir l'impression de ne servir à rien. Accepter d'être fatigués. Non, nous ne sommes pas plus forts que d'autres. Au contraire, ne sommes-nous pas bien moins résistants que ceux que nous sommes venus aider ? Car eux aussi n'en peuvent plus. Mais aujourd'hui, ce sont eux qui nous soutiennent. Alors, qui aide qui, dans cette curieuse aventure ?

Afin de ne pas prendre une décision trop hâtive que nous regretterions après, nous partons deux jours dans une abbaye bénédictine que nous aimons beaucoup. Les sœurs nous accueillent avec la générosité qui les caractérise. Et là, nous déposons toute notre misère aux pieds de la Sainte Vierge. Elle parle discrètement à notre cœur. Petit à petit, dans le silence, dans la prière, dans la marche, nous comprenons qu'il nous faut, non pas tout quitter, mais simplement choisir de nouveau notre engagement, l'ajuster, remettre les priorités en ordre – et notre priorité, c'est notre couple et notre famille. Une grâce toute particulière nous est donnée ce jour-là.

En revenant, nous ne sommes plus les mêmes. Nous savons qu'il nous faut continuer. Nous comprenons mieux désormais que c'est « quand je suis faible que je suis fort », car alors on laisse toute la place à Dieu et lui agit avec force.

Nous qui avions besoin d'être renouvelés dans notre engagement, nous qui pleurions et ne trouvions pas de lieu où sécher nos larmes, nous découvrons quelques jours plus tard que l'abbaye où nous sommes allés s'appelle Notre-Dame de Fidélité. Et le petit ermitage vers lequel nous avions marché, Notre-Dame de Consolation.

☆

Le Bon Dieu doit parfois avoir l'impression que nous sommes durs d'oreille. Car, si nous avions retrouvé un nouvel enthousiasme, il n'a pas fallu longtemps pour que celui-ci, à nouveau, s'essouffle et que l'idée de déménager nous reprenne. Les difficultés matérielles n'allaient pas en diminuant, ni la misère, ni la fatigue. Bref, ce fut à nouveau l'épuisement, l'envie de tout plaquer, les pleurs. Comme si elle l'avait senti, notre deuxième fille, sans doute inspirée, nous lance un soir : « Quand vous êtes sur la croix, ne pleurez pas, Jésus vient vous sauver ! »

☆

Un soir, n'en pouvant plus du vacarme dans la cité, je dis à Marie-Alix : « C'est décidé, on déménage ! » Le lendemain, avant de passer un coup de téléphone à mon responsable pour lui annoncer notre décision, nous prions. Et dans le psaume du jour, nous lisons :

> Ceux qui sèment dans les larmes moissonneront dans l'allégresse.
> Ils allaient et venaient en pleurant, tandis qu'ils jetaient leur semence :
> ils reviendront avec allégresse, chargés de leurs gerbes [Psaume 125].

Bon, d'accord. On reste.

CHRONIQUE DE L'ASCENSEUR

– Épisode 7 –

Depuis notre retour de vacances, l'ascenseur fait un bruit terrifiant et tangue de manière tellement étrange que nous préférons ne pas le prendre.

Mais si la descente ne demande pas d'effort, pour monter, c'est plus compliqué : Marie-Alix doit faire miroiter aux filles, rentrant fatiguées de l'école, monts et merveilles quand elles seront arrivées à la maison. Plein de bonbons, des sacs entiers de bonbons, et les voilà remotivées, ouf ! Elles repartent d'un pas assuré après la pause traditionnelle du 6ᵉ étage.

Et une fois là-haut, notre aînée s'étonne : « Quoi ? Déjà au 11ᵉ ? »

Oui, déjà…

Étage 8

Témoins

Dans un quartier peuplé à 80 % d'Algériens (entendons par là des parents ou grands-parents nés en Algérie et des enfants ou petits-enfants issus de cette immigration maghrébine, lesquels ne se considèrent pas souvent comme « Français » mais comme « Algériens »), notre rencontre avec l'islam, ou plutôt avec les hommes et les femmes revendiquant leur appartenance à cette religion, est quotidienne. Avec son lot de joies, de surprises, d'incompréhension… ou de crispation, tant la façon des uns et des autres de vivre leur religion peut aller du plus touchant au plus énervant.

Un ami m'a trompé, me confiait un jour Mehdi, un papa musulman avec qui j'avais tissé d'excellentes relations. Je ne savais pas comment réagir. Alors, je suis allé voir l'imam qui m'a dit : « Ne t'inquiète pas, s'il a péché, Dieu le punira et elle finira sa vie dans un fauteuil roulant ». Ça m'a rassuré.

Rassuré ? Comment peut-on à ce point ne pas croire en la miséricorde de Dieu – ce sont pourtant les premiers mots du Coran – et espérer plutôt de lui qu'il punisse ceux qui nous font du mal ?

Mehdi, 50 ans, est arrivé en France alors qu'il était encore enfant. Une France pas encore complètement l'ennemie d'elle-même, où l'on enseignait correctement le français, l'histoire, les bases du catéchisme, qu'il avait donc suivi. Ce qui avait éveillé en lui le désir d'aller à la messe, jusqu'à être enfant de chœur ou de lire l'évangile de saint Jean (« le plus beau texte que j'aie jamais lu », m'a-t-il avoué un jour). Il s'était finalement marié avec une fille du bled, choisie sur une photo, qui débarqua du jour au lendemain ici sans parler un mot de français. Comme beaucoup de jeunes filles élevées au pays, dans la stricte observance de l'islam, elle avait en outre pour mission de remettre son désormais mari dans le droit chemin. Beaucoup d'hommes musulmans ayant passé un certain temps en France comme célibataires prennent en effet des habitudes occidentales, comme boire un petit verre de vin à l'heure de l'apéro. Le mariage est l'occasion de remettre de l'ordre dans ces vies apparemment déviantes. Le problème, c'est que

Mehdi et Zeineb ne se connaissaient pas, ne s'aimaient pas… et ne se sont jamais aimés.

Nous connaissons des couples issus de mariages arrangés qui ont appris à s'aimer et vivent aujourd'hui un amour vrai et profond, mais ce n'est pas le cas de Mehdi et sa femme. Accidents de parcours, mensonges, absence de communication et de pardon, … Résultat : dépression générale du couple. Les enfants grandissent dans cette ambiance morose, où aucun parent n'a plus une once d'autorité, et préfèrent donc aller traîner dans la rue, le règne de l'argent facile. L'argent, de toute façon, il n'y en avait guère à la maison, si ce n'est les allocations familiales. Ce qui fit dire un jour à la plus jeune des filles de la famille, en s'adressant à son père, devant moi : « De toute façon, c'est grâce à moi que tu touches des allocs, donc me casse pas les c… » (l'impossibilité morphologique de se faire « casser les c… » ne dérange pas la plupart des demoiselles de la cité, qui utilisent cette expression à l'envi !) Les enfants ont pris le pouvoir et les parents n'ont même plus de larmes pour pleurer. La télévision omniprésente occupe l'espace et le temps. Et le temps passe, seulement rythmé par les cinq prières quotidiennes auxquelles les parents ne dérogent pas (même s'ils ne prient jamais ensemble), la sortie du matin pour boire un thé au marché aux puces et l'aller-retour du vendredi à la mosquée.

Je voyais cette famille crever de manque d'amour. Le vide était vertigineux. Pourtant, en apparence, ils avaient tout ce qu'il fallait : l'appartement, la voiture, l'écran plat, le voile pour elle, les prières à la mosquée pour lui. Mais il manquait l'essentiel : aimer et se savoir aimé. Les rencontrer et découvrir cette profonde détresse sous une apparence qui ne la laissait pas entrevoir, m'a ému aux tripes et je recevais cette famille dans mon cœur avec le désir profond d'être, pour eux, une présence d'écoute, de prière et de compassion. Combien de discussions ai-je eu avec l'un ou l'autre, sans prendre parti bien sûr ni vraiment apporter de solutions, des heures durant, à écouter la haine, le désespoir, la peur, la tristesse, le regret ?

– Quand je t'écoute, Mehdi, je ne vois qu'une seule issue, lui dis-je un jour autour d'un énième thé où il vidait encore son sac de haine et d'envie de vengeance.

– Laquelle ?

– Le pardon. Demande à Dieu qu'il te donne la force de pardonner à ta femme, à tes enfants, à cet ami qui t'a trahi. Vois ce que la haine fait dans ton cœur. Elle engendre encore plus de haine. Le temps passe et rien ne s'apaise, au contraire. À chaque fois que l'on se voit, tu es encore plus virulent. Ce n'est pas juste, et tu le sais. Pour les chrétiens comme pour les musulmans, il n'y a que Dieu qui juge. Nous, on n'a pas à juger, mais à continuer d'aimer, envers et contre tout. Est-ce que tu demandes cela à Dieu quand tu pries ? Parfois, c'est inhumain de pardonner. Mais avec la grâce de Dieu, tout devient possible.

Silence. Quelques secondes s'écoulent, graves. Puis Mehdi me lance : « Tu voudrais bien prier avec moi ? »

Silence encore. Cette fois, c'est moi qui ne réponds pas. Je suis à la fois surpris et touché. Moi le catholique, lui le musulman, nous prierions ensemble ?

– D'accord. Je suis tous les matins à l'église pour l'adoration et la messe, avant de commencer le travail. Tu peux passer quand tu veux. On se mettra dans un petit coin et on priera tous les deux si tu veux ?

– D'accord. À demain.

En invitant Mehdi, je me doute bien qu'il ne viendra pas. Combien de fois avons-nous fixé des rendez-vous auxquels il n'est pas venu ? Là, en plus, je lui propose de venir dans une église pour prier. Est-ce justement cela qui le convainc ? Je n'en sais rien. Toujours est-il que Mehdi pénètre dans l'église, le lendemain matin, son Coran à la main. Je prends ma Bible et nous nous mettons de côté, devant un grand crucifix. Il me demande de commencer : je prie à voix haute, demandant au Bon Dieu de venir guérir le cœur de Mehdi et de Zeineb, de leurs enfants, de cet ami que Mehdi aimait tant et qui pourtant l'a trahi, d'y mettre plein d'amour pour qu'ils apprennent à mieux communiquer et de leur donner la force de pardonner. Mehdi prend alors la parole et prie lui aussi à voix haute :

> Seigneur, je te demande pardon pour tout ce que j'ai fait. Bien sûr, les autres n'ont pas toujours fait ce qu'il aurait fallu, mais c'est d'abord moi, Seigneur. Je dois changer mon cœur et je n'y arrive pas seul. J'ai besoin de toi. Je sais que si je change, alors les autres changeront, mais c'est à moi de faire le premier pas. Pardonne-moi et donne-moi la force…

Il ne s'arrête plus. Sa prière dure dix minutes, peut-être quinze. Un monologue où il n'est jamais question de haine, de punition, de « C'est de sa faute si », où Mehdi ne parle que de lui, de son cœur blessé, de ses erreurs passées. J'en ai les larmes aux yeux. Après tant de discussions entre nous où il ne me confiait que sa haine – et je finissais par me demander si cela servait à quelque chose de l'écouter –, nous sommes là, tous les deux, en face du Christ et il n'est question que de pardon, d'amour, de confiance en Dieu. Puisque l'Esprit souffle où il veut, j'en ai la certitude : c'est l'Esprit Saint lui-même qui met dans le cœur de Mehdi cette prière ininterrompue, comme la fumée de l'encens qui monte vers le Ciel. Il n'ouvre pas son Coran (ni moi ma Bible), il ouvre son cœur et l'amour blessé en jaillit, alors qu'il contemple Celui qui, au suprême de l'amour, s'est laissé transpercer le cœur pour qu'il en coule du sang et de l'eau. La croix du Calvaire, scandale et folie, est déjà glorieuse. À ce moment-là, la croix de Mehdi aussi devient glorieuse, car il en jaillit une vie, un amour, une paix, que je n'ai jamais perçus en lui jusqu'à maintenant.

C'est le départ d'une belle relation avec lui, qui dure encore à ce jour, malgré de multiples rebondissements. Alors que nous lui avons trouvé une entreprise prête à l'embaucher malgré sa dépression, il a finalement refusé l'offre, de peur de perdre sa CMU, de ne plus pouvoir surveiller sa femme, d'avoir moins d'allocations… et surtout de ne pas y arriver, ce qu'il nous avoua plus tard. À plusieurs reprises, nous lui avons aussi proposé de participer à des séjours organisés pour les familles : à chaque fois, il disait « oui » puis, quelques jours avant le départ, trouvait une fausse excuse pour décliner la proposition. Pourtant, nous continuons de le visiter, de parler de longues heures avec lui, de l'écouter, de lui proposer des activités. Alors que nous venons de parler une fois de plus de sa vie de misère, de sa profonde solitude, de tous les malheurs d'un monde devenu fou, il me dit :

> Mais vous, vous êtes là. Ici, les jeunes vous font la misère, et pourtant vous restez. Moi, cela fait plusieurs fois que je réponds « non » aux propositions que vous me faites, et vous continuez de venir me voir. Vous m'avez trouvé du boulot, je ne l'ai pas pris et vous n'avez aucune rancune. S'il y avait plus de gens comme vous, le monde irait mieux.

Ce jour-là, c'est le troisième jour de l'Aïd, temps de fête où les musulmans passent habituellement de maison en maison pour se retrouver après un mois de jeûne et de prière ; je suis la première personne qui vient le voir. Je l'ai aussi appelé pour prendre quelques nouvelles, alors que le ramadan était déjà bien avancé : j'avais été le seul à l'appeler en 15 jours. Avec Mehdi, je fais encore l'expérience de la profonde solitude de l'homme qui, avant les allocations, avant la CMU, avant le travail, avant le logement, attend surtout qu'on lui prête attention, qu'on l'écoute, qu'on soit présent pour lui, sans jugement. Il espère l'amour gratuit. Il cherche partout cette compassion qui suffit parfois pour remettre les personnes en mouvement. Voyant qu'ils ont du prix aux yeux de quelqu'un, les plus fragiles reprennent confiance en eux et s'élancent. Eux qui étaient pris dans les sables mouvants de la solitude, ils prennent appui et s'extraient du marais et du marasme. Nul besoin de grandes compétences professionnelles pour cela, il faut juste être là, visiter, aimer sans rien attendre en retour, et prier. Le pauvre et le Bon Dieu font le reste.

☆

En vivant en cité, nous ne sommes pas confrontés à l'islam, en tant que système politico-religieux, mais nous rencontrons des personnes musulmanes et vivons avec elles, échangeant sur nos religions respectives ou partageant notre foi de façon plus explicite. C'est toute la force de l'immersion, qui permet de ne pas s'en tenir à des discussions de groupes un peu théoriques où chacun prêche pour sa paroisse… ou sa mosquée, et de s'adapter en permanence à l'interlocuteur que l'on a en face de soi, avec toutes ses spécificités. Nous voyons vivre des musulmans, ils voient vivre des chrétiens. Et chacun laisse entrevoir l'impact de sa foi dans la vie quotidienne. Beaucoup de jeunes du quartier n'ont jamais rencontré de chrétiens et l'un d'eux me dit même un jour : « À Marseille, il n'y a que des musulmans. » N'étant jamais sorti du quartier, il ne peut en effet pas imaginer que la ville ne se réduit pas aux quelques barres HLM où il est né.

C'est pourquoi il est essentiel de venir vivre dans ces quartiers. Pour que ces jeunes constatent de leurs propres yeux qu'il y a d'autres façons de vivre et de croire en France. Qu'ils comprennent que ce sont même plutôt ces autres cultures et religions, dites judéo-chrétiennes, qui ont façonné le pays. On peut bien le leur dire, mais s'ils ne sont entourés que d'enseignes alimentaires, de lieux de culte ou de modes vestimentaires leur rappelant le pays de leurs aïeux et, a contrario, s'ils ne voient jamais d'églises ouvertes, de croyants qui y prient, de jeunes catholiques qui se marient, ont des enfants et font confiance au Bon Dieu, s'ils ne rencontrent jamais de Français qui aiment la France et son histoire, comment imaginer qu'ils s'enracinent et grandissent sereinement ici ? S'ils ne voient que des Français moribonds, honteux de leur pays et ennemis de Dieu, comment s'étonner qu'ils se raccrochent à leur Dieu à eux, à leur culture ancestrale, à leurs épopées et à leurs conquêtes ? S'immerger en cité permet ainsi, par notre seule présence, de faire goûter à nos voisins « autre chose ». De partager à ces populations parfois déracinées, que nous écoutons avec admiration quand ils nous racontent l'histoire de leur peuple et leur prophète, quelle est notre foi, quelle est notre histoire et combien nous en sommes fiers, malgré ses zones d'ombre. Oui, nous croyons et nous prions. Oui, nous aimons la France. Et oui, nous sommes tristes quand elle se renie elle-même, faisant table rase de ses racines chrétiennes. Oui, sa devise « Liberté, égalité, fraternité » ne tombe pas du ciel, ou plutôt si, elle vient du Ciel, car, qui d'autre que le Christ, rend profondément libre, lui qui dit : « Je ne vous appelle plus serviteurs, mais amis » ? Qui, mieux que le Christ, rappelle l'égale dignité de l'homme et de la femme, lui qui, transgressant les habitudes juives, parle avec la Samaritaine ou pardonne à la prostituée ? Qui, nous révélant que nous sommes tous enfants d'un même Père, fait de nous des frères et nous demande de nous aimer les uns les autres comme Lui nous a aimés ? Le Christ, encore. La France est une terre bercée et façonnée par le christianisme, toute notre culture en est encore imprégnée. N'est-il pas illusoire, alors, de vouloir créer une unité nationale en cachant ce passé sous prétexte de tolérance et d'ouverture à tous ? On ne peut envisager l'avenir sans connaître le passé. « Pour savoir où tu vas, regarde d'où tu viens », dit un proverbe africain. Pour s'enraciner dans une nouvelle terre, les fleurs ont besoin d'un terreau favorable. Comment imaginer que nos populations venues de l'immigration s'enracinent favorablement si on leur propose un pot vide en guise de France ? Comment vont-ils admirer notre pays si nos dirigeants passent leur temps à s'excuser de ce qu'ont fait leurs prédécesseurs, sans jamais chercher à mettre en valeur ce qu'ils ont apporté de grand ? Comment peuvent-ils aimer la France si nous la détestons ? Non, la France est belle, son patrimoine est splendide, son histoire est grande, ses racines sont chrétiennes, et il faut le dire. Nous le disons, et nos frères et sœurs musulmans, loin de nous vouer aux gémonies, ne nous en respectent que davantage car ils ne rencontrent pas souvent des Français tenant ce discours. La maman de Soumia, me demande un jour :

– Vous ne voudriez pas que ma fille vienne plus souvent avec vous ?

– Pourquoi pas ? Elle aime quoi ?

– Tout, elle peut même venir vous aider, vous rendre service. Je veux qu'elle reste avec vous. Parce qu'en dehors de vous, elle ne fréquente pas de bonnes personnes. Vous avez vu, l'année dernière, elle a mis le…

Elle se tait, la voix bloquée par quelques sanglots. Elle n'arrive pas à sortir le mot. Elle n'ose pas nommer ce fameux voile que sa fille a choisi de porter depuis quelques mois, contre l'avis de ses deux parents.

> Nous, on est musulmans depuis toujours. Ma mère a 80 ans, elle a toujours été musulmane et n'a jamais porté le voile ! Elle est fragile ma fille, elle est trop influençable. C'est au lycée que ses amies lui ont bourré le crâne jusqu'à ce qu'elle le mette. C'est n'importe quoi ! On est où, là ?

La mère s'emporte, entre la colère et la tristesse. Puis elle se calme :

> Elle aime bien venir chez vous. Elle m'a dit que vous étiez sérieux. Que vous croyez en Dieu et que vous priez, que vous êtes des vrais, des bons chrétiens, que vous aidez les autres. C'est pour ça que je veux que ma fille reste plus avec vous.

C'est assez étonnant d'entendre une maman musulmane nous demander d'inviter plus sa fille, justement parce que nous sommes chrétiens. Comme si notre foi et notre pratique vont permettre à sa petite de revenir à un islam plus juste selon elle. C'est encore plus touchant d'apprendre que Soumia aime venir chez nous parce qu'elle nous a vu prier. Chaque jour, en milieu d'après-midi, nous prenons en effet un temps de prière. Un mardi, Soumia et deux de ses amies (voilées de la tête aux pieds, à la saoudienne) nous voient partir dans l'oratoire.

– Vous faites quoi ?, demande Soumia.
– Nous allons prier.
– Ah bon ? Mais on n'a jamais vu de chrétiens prier, nous ! On peut venir voir ?
– Bien sûr, les filles. Venez.

Elles viennent, restent discrètement au fond, le temps de la prière et nous remercient à la fin. Elles semblent heureuses. La semaine suivante, alors qu'elles sont à nouveau là pour travailler et que, pris par plein de choses, nous oublions de prier, Soumia nous lance : « Et aujourd'hui, vous ne priez pas ? » Ce jour-là, c'est elle qui nous encourage à prendre du temps pour Dieu. Comme Soumia, les musulmans attendent des chrétiens qu'ils prient. Quand nous ne prions pas, ils nous méprisent, car nous méprisons Dieu. Quand nous prions, ils nous honorent car nous honorons Dieu.

☆

La vie dans la cité permet un témoignage quotidien, au cours d'une discussion spontanée avec des voisins croisés dans la rue ou dans la cage d'escalier. Le dimanche matin, dans la cité, peu de gens se lèvent pour aller à la messe. Sur les 3 500 habitants, il n'y a que trois familles qui viennent... Alors, croiser le voisin comorien et lui dire : « On part à la messe », c'est lui rappeler qu'en France, il y a aussi des chrétiens qui croient, prient et pratiquent leur religion. C'est aussi savoir prendre du temps avec Farida qui, alors qu'Israël et le Hamas se bombardent mutuellement, nous interpelle un matin en parlant des enfants morts à cause de la guerre :

> Mais les juifs, ils n'ont pas de cœur ! De toute façon, mon fils l'a appris à l'école arabe, les juifs, ils ne peuvent pas aller au Paradis.

Nous restons de longues minutes avec Farida en bas de notre bloc :

> Tu sais, nous, nous croyons que tout le monde peut aller au Paradis, à condition qu'il choisisse d'aimer Dieu et de servir et aimer les autres. Juif, musulman, bouddhiste, chrétien, ou rien du tout, Dieu fait miséricorde à tous. Tout dépend de notre cœur.

Ces discussions, improvisées au pied de l'immeuble, les bras chargés de courses, nous essayons donc de ne jamais les fuir. Peut-être ne changeront-elles rien, mais peut-être changeront-elles tout… En tout cas, elles font l'immense richesse de ces relations informelles et quotidiennes. Quand l'ascenseur est en panne, la cage d'escalier devient un hall de gare et parfois, un café philo ou un salon de thé-ologique !

☆

Cette mixité sociale et religieuse est aussi un ferment de lien dans le quartier. Les différentes communautés ont très peu de lien entre elles. Et même au sein d'une même communauté, on se méfie beaucoup des autres. Car tout se sait dans la cité, comme dans un petit village, et l'on n'est jamais à l'abri d'une rumeur assassine. Tout le monde se connaît et se dit bonjour, mais rares sont ceux et celles qui tissent des vraies relations de confiance. Tout l'enjeu est donc d'aider les habitants à se rencontrer, au mieux à s'apprécier, au pire à vivre ensemble sans s'insulter. Un soir où nous parlons avec des mamans, voilà qu'une amie musulmane voilée arrive et ne dit bonjour qu'aux femmes qu'elle connaît, sans saluer les autres, qui ne cherchent d'ailleurs pas à aller vers elle non plus.

Nous essayons alors d'expliquer aux unes et aux autres pourquoi c'est important de saluer tout le monde, de faire connaissance, de prendre le temps de s'intéresser aux personnes d'origines différentes. Quelques mois plus tard, nous verrons deux de ces mamans, de communautés différentes, s'appeler avant de descendre au square pour s'y retrouver et refaire le monde ensemble ! Ce rôle de lien social me fait penser à celui que jouent les chrétiens dans ces pays d'Orient où leur présence est si importante. Il y a, grâce à la présence de chrétiens en un lieu, une paix mystérieuse qui est donnée. En tant que croyant, je sais d'où vient cette paix. Mais d'un point de vue purement sociologique, cela m'encourage dans l'idée qu'il faut des chrétiens au sein de ces quartiers parce que, comme me l'avait dit Maria une fois : « Vous, vous aidez les gens à mieux vivre ensemble ! »

☆

Enfin, vivre avec des personnes différentes, écouter ce qu'ils écoutent, lire ce qu'ils lisent, nous force à réinterroger sans cesse ce en quoi nous croyons, non pour le relativiser mais plutôt pour savoir mieux le leur expliquer. D'autant que, si l'on peut parfois avoir l'impression que des musulmans tiennent un discours « officiel » quand ils sont en groupe, pour ne pas laisser entendre qu'ils se posent des questions ou faire voir qu'ils ont une pratique plus légère que d'autres, la relation de personne à personne permet un dialogue en profondeur, une rencontre réelle avec l'homme ou la femme avec qui l'on parle et non avec un homme ou une femme devant se conformer aux règles d'une communauté qui le ou la dépasse. J'ai été marqué par une fillette à qui je proposais de partir avec nous en vacances, qui tombent en plein ramadan :

– Oui, oui, je viens !

– Mais tu ne peux pas, intervient son amie. C'est le ramadan. Si tu y vas, tu seras obligée de manger. Et donc tu pourras pas faire le ramadan.

– Ah oui, bon ben je viens pas.

Je sentais bien sa gêne : il lui fallait se plier à la règle rappelée par son amie. Mais, en visitant la famille de la jeune fille, étonné qu'elle fasse le ramadan puisque, habituellement, les enfants le font à partir de la puberté, sa mère me dit qu'il n'en était rien et qu'elle pouvait bien sûr venir. Et elle est venue. Le plus étonnant fut que son amie, qui pourtant avait 13 ans et était donc en âge de jeûner, a demandé aussi à venir et a mangé comme tout le monde. Il y avait donc le discours à tenir devant tout le monde, dans la rue, puis la réalité de ce qui se vit à la maison ou à l'extérieur du quartier.

Aux vacances de Pâques, nous avons besoin de quitter un peu la cité pour aller nous ressourcer dans un lieu paisible. Direction notre petite abbaye de sœurs bénédictine à 30 minutes de chez nous. Et nous proposons à une famille musulmane de la cité de venir avec nous : nos enfants s'entendent très bien, Marie-Alix fait plein d'activités avec la maman, j'aime bien parler avec le papa, nous sommes heureux de passer du temps avec eux hors du quartier. Mais nous les prévenons :

– On va chez des sœurs, il ne faut pas que ça vous gêne !

– Ah… En fait, ça ne nous gêne pas, les sœurs. Mais le problème, c'est que la viande ne sera pas halal. Et aussi, s'il y a des croix dans la chambre, on ne pourra pas faire la prière, ni même y dormir. Bon, on va demander à l'imam.

Et l'imam leur répond :

Vous allez chez des chrétiens ? Et bien vous faites comme les chrétiens. S'ils vous invitent, vous pouvez manger leur viande, il n'y a aucun problème !

Un esprit éclairé qui libère nos amis d'un carcan que la *vox populi* musulmane s'impose sans qu'il soit forcément justifié. Le Coran lui-même ne dit-il pas : « Aujourd'hui, toutes les bonnes nourritures ont été rendues licites pour vous. La nourriture des gens de l'Écriture est licite pour vous[1]. »

Il faut vivre dans ces quartiers pour sortir d'un dialogue interreligieux souvent stérile parce qu'il fait converser des systèmes et, à cela, préférer la rencontre directe, de personne à personne. Éviter l'écueil du débat intellectuel pour favoriser la construction d'une relation où l'on touche les cœurs. Cela demande du temps.

☆

En tant que femme, épouse et mère, Marie-Alix tisse des relations privilégiées avec certaines mamans qui se confient à elle parce qu'elles trouvent en elle une oreille attentive, un cœur aimant, une disponibilité permanente, une parole qui ne juge pas. Beaucoup lui font confiance parce qu'elle n'est pas du quartier, ni de telle ou telle communauté.

La première année, Samia vient à la maison une fois par semaine pour compléter son apprentis-

1. Sourate 5,5

sage du français et prendre un café avec Marie-Alix est l'occasion de parfaire son langage. Les sujets de conversation au départ plutôt superficiels touchent rapidement des soucis personnels et familiaux. Cette femme d'une extrême pauvreté arrive d'Algérie, sans papiers, avec son mari et trois splendides petites filles. Ils vivent dans un taudis humide, une seule pièce pour eux cinq et se nourrissent aux Restaurants du cœur. De l'extérieur, on ne se doute de rien : Samia a toujours le sourire aux lèvres, un foulard assorti à ses chaussures ou même deux foulards entremêlés de manière savante, d'un chic absolu, et les yeux toujours maquillés quand elle sort de chez elle. Elle est tout simplement belle. Belle parce qu'elle rayonne et qu'elle se bat pour que ses enfants réussissent, que son mari trouve un travail et, qu'elle aussi décroche un emploi, plus tard, quand son français sera courant. Belle parce qu'elle arrive, malgré sa pauvreté, à donner à manger à nos filles quand les Restos du cœur lui donnent trop ou qu'il y a du rhum dans les bonnes brioches qu'elle a achetées par mégarde. Belle parce qu'elle aime la France et la langue française si compliquée pour elle, et qu'elle s'intéresse à sa culture. Une après-midi, Samia s'excuse de son retard en expliquant : « Je viens de l'hôpital, on va me mettre un stérilet. » Au moins, il n'y a aucune pudeur qui la retienne d'en parler !

Marie-Alix s'étonne et lui demande si ce « on » lui a bien énoncé les risques de ce moyen de contraception. Non évidemment. Et que cela peut être abortif ? Non plus. Et qu'il existe d'autres moyens naturels pour espacer les naissances ? Encore non. Nous décidons donc d'en discuter autour d'un thé. Samia confie alors sa douleur en repensant à l'avortement qu'elle a vécu chez elle, toute seule, quelques mois plus tôt, sans que personne ne l'ait prévenue de la violence de l'acte. « Plus jamais ça, confie-t-elle, c'était horrible. » Marie-Alix lui propose alors de choisir un prénom pour ce petit être qui veille sur sa famille du haut du ciel, pour l'aider à faire son deuil. Mais, pour Samia (et selon le Coran, dit-elle) avant 40 jours, l'embryon n'est pas un être humain puisqu'Allah ne lui a pas insufflé d'âme : ce n'est donc pas un avortement. Les faits ont parlé d'eux-mêmes et resteront gravés dans sa mémoire et dans son corps ; peu importe ce débat, Samia avoue : « Maintenant, je préfère avoir un autre enfant, même dans notre minuscule logement, que de revivre ça ! » Pour finir, Marie-Alix évoque le concept des méthodes naturelles : la connaissance et une observation approfondie du cycle de la femme et des périodes de fertilité et d'infertilité peut permettre de réguler les naissances, sans faire appel à des instruments ou des substances chimiques dont on ne mesure pas bien les conséquences à long terme. Samia est captivée et compte bien expliquer à son mari, heureusement ouvert à cela et à l'écoute de son épouse. L'idée est lancée, le temps doit faire son œuvre et Samia promet de revenir vers nous quand son mari et elle se sentiront prêts.

Avec Farida, que Marie-Alix retrouve chaque semaine pour que ses enfants et les nôtres jouent ensemble, les discussions tournent aussi beaucoup autour du couple, de la famille, de l'éducation, du mariage et des moyens de contraception. C'est récurrent chez ses amies, ce souci d'espacer les naissances : leurs parents ne le faisaient pas, mais pour elles, il est inenvisageable de répéter cette folie alors que la vie coûte plus cher, que les appartements sont minuscules, etc. Pourtant, elles savent que ces implants et pilules qu'elles prennent sont en contradiction avec les préceptes du Coran. Elles se trouvent donc dans une impasse dont personne ne les sort et dans laquelle les organismes officiels les enfoncent : la plupart des femmes avec qui nous en parlons avouent avoir eu leur troisième ou quatrième enfant malgré la pilule et l'assurance du corps médical qu'elles ne seront pas enceintes. C'est donc là qu'interviennent les méthodes naturelles : dans l'idée, cela plaît énormément, même si cela fait peur car tout repose sur la connaissance de leur cycle et la communication entre les époux.

En tout cas, à chaque fois, les femmes de la cité sont très étonnées d'apprendre que les Françaises ne prennent pas forcément pas la pilule. Elles sont touchées de voir que des catholiques vivent ce respect de la nature voulue par Dieu, qu'elles désirent tant vivre elles aussi.

Je pense encore à Ayda, une jeune femme de 29 ans, confiant ses déboires conjugaux à Marie-Alix, sur un banc public au sein de la cité. Les enfants jouent autour des deux femmes, les larmes coulent sur les joues de l'une, pendant que la seconde écoute silencieuse, mais meurtrie par cette vie brisée. Comment est-ce possible que des êtres unis par l'amour se détruisent mutuellement avec le temps ? Pourquoi un homme, aimable un jour, se permet-il le lendemain de frapper sa femme, enceinte de surcroît ? Non décidément, jamais nous ne pourrons nous habituer à la violence, malgré la répétition de ce genre de récits. Cela fait toujours aussi mal en l'entendant.

La place des pères, ou plutôt leur absence, dans la plupart des familles de la cité, nous laisse aussi perplexes. Combien de femmes seules avec plusieurs enfants, parfois issus de pères différents ? Ou combien de femmes en couple, mais qui font seules les courses, les trajets à l'école, les repas, la vaisselle, les machines, les réunions de parents, les activités pour les enfants, les sorties au parc ou à la plage… alors que leur mari ne travaille pas ? Il dort, il regarde la télévision, il va boire des cafés avec ses amis ou prie à la mosquée, mais ne participe guère à la vie familiale, si ce n'est pour élever la voix de temps en temps. Dans l'intimité, certaines de ces épouses confient leur fatigue de ne pouvoir pas s'appuyer plus sur leur homme. Là encore, apporter, par notre seule présence, le témoignage d'une vie de couple où nous essayons de nous partager un peu les tâches dites familiales, fait parfois bouger quelques lignes.

☆

Riche de ces relations de confiance, de ces confidences, de ces discussions au quotidien, notre vie avec nos frères et sœurs musulmans est une source de joie, alimentée par de nombreuses marques d'affection au quotidien qui nous vont droit au cœur. Comme ce SMS que Khadija m'envoie le soir de Noël :

> Nous vous souhaitons une joyeuse fête. Que l'enfant de la crèche vous apporte tout ce dont vous avez besoin et que Dieu vous bénisse.

Je me souviens aussi de Farida, à qui nous avons fait une tarte aux prunes pour un soir de ramadan. Le jour de l'Aïd, elle nous le rend… plein de makrouns :

> Chez nous, quand on nous offre un plat, on ne le rend pas vide !

Nous avons la grâce de vivre des rencontres vraies et profondes, à l'école de Charles de Foucauld. De la lettre qu'il écrivit à René Bazin en 1 917, nous comprenons et vivons bien des dimensions. Il voulait, pour les musulmans,

> devenir l'ami sûr, à qui on va quand on est dans le doute ou la peine, sur l'affection, la sagesse et la justice duquel on compte absolument. Ce n'est que quand on est arrivé là qu'on peut arriver à faire du bien à leurs âmes. Inspirer une confiance absolue en notre véracité, en la droiture de notre caractère […], donner une idée de notre religion par notre bonté et nos vertus, être en relations affectueuses avec autant d'âmes qu'on le peut, musulmanes ou chrétiennes, c'est notre premier devoir : ce n'est qu'après l'avoir bien rempli, assez longtemps, qu'on peut faire du bien. Ma vie consiste donc à être le plus possible en relation avec ce qui m'entoure et à rendre tous les services que je peux. À mesure que l'intimité s'établit, je parle, toujours ou presque toujours en tête à tête,

du bon Dieu, brièvement, donnant à chacun ce qu'il peut porter[1].

Parler du Bon Dieu. Effectivement, c'est avec nos frères musulmans que nous avons les plus belles discussions d'ordre spirituel, ce qui donne à la relation d'amitié une profondeur bien plus importante qu'avec des personnes qui ne croient en rien et à qui dire : « Nous prions pour toi », n'évoque rien. De toute façon, avec les musulmans, impossible de parler plus de cinq minutes sans qu'on en vienne à parler de Dieu. Il fait tellement partie de leur vie. Farida apprend ainsi à ses enfants à toujours remercier Dieu quand elle leur donne quelque chose, « car c'est Dieu qui donne tout. Alors, tu dis d'abord "Bismillah" pour Allah et ensuite, tu dis "Merci" pour la personne qui te donne. » Comme eux partagent très facilement leur foi et leur manière de la vivre, nous le faisons aussi, avec la même simplicité, qui les touche. Sur bien des sujets de société, nous nous retrouvons facilement grâce à cette foi partagée. Sur des aspects plus théologiques, les divergences apparaissent souvent, mais toujours de façon paisible. C'est l'occasion pour nous de leur redire ce en quoi nous croyons. Que,

1. René Bazin, *Bulletin du bureau catholique de presse*, n° 5, octobre 1917.

pour nous, Jésus est le fils de Dieu, venu nous sauver du péché, mort par amour pour nous et ressuscité, pour nous ouvrir la vie éternelle. Que Dieu se fait donc proche de nous. Qu'il aime et pardonne sans mesure. Beaucoup nous interrogent sur notre carême et notre façon de pratiquer le jeûne, sur les fêtes de Pâques, l'Ascension ou Noël ; certains nous font même le cadeau de venir à la messe et au repas paroissial qui suit. Quand il nous arrive de partager un repas avec eux, de la même façon qu'ils disent « Bismillah », nous faisons notre bénédicité (avec les jeunes difficiles, c'est d'ailleurs souvent le moment le plus calme du repas, car tous ont un immense respect et se taisent spontanément quand ils nous voient prier). Quand nous organisons des séjours dans des abbayes, Marie-Alix et moi participons à la messe ou aux offices ; certains jeunes ou parents présents nous demandent alors s'ils ont le droit de venir et nous suivent. D'autres préfèrent ne pas rentrer dans l'église. D'autres encore font leurs cinq prières quotidiennes. Tout le monde vit sa foi comme il l'entend, sans crainte du regard de l'autre. Personne n'est forcé de faire quoi que ce soit qui aille à l'encontre de sa religion, mais tout le monde se sent au contraire libre de la vivre pleinement, sans avoir à se cacher, les musulmans comme les chrétiens. N'est-ce pas cela, la saine laïcité ?

CHRONIQUES DE L'ASCENSEUR

– Épisode 8 –

Chaque jour, à la prière du matin, nous invoquons sainte Thérèse, patronne des missions et de la France. Je découvre aujourd'hui qu'elle aussi, parlait de l'ascenseur, d'un ascenseur divin :

> Je veux chercher le moyen d'aller au Ciel par une petite voie bien droite, bien courte, une petite voie toute nouvelle. Nous sommes dans un siècle d'inventions maintenant, ce n'est plus la peine de gravir les marches d'un escalier, chez les riches un ascenseur le remplace avantageusement. Moi, je voudrais aussi trouver un ascenseur pour m'élever jusqu'à Jésus, car je suis trop petite pour monter le rude escalier de la perfection [...]. L'ascenseur qui doit m'élever jusqu'au Ciel, ce sont vos bras, ô Jésus ! Pour cela je n'ai pas besoin de grandir, au contraire il faut que je reste petite, que je le devienne de plus en plus[1].

1. Thérèse de l'Enfant Jésus, *Histoire d'une âme*, Manuscrit C, f. 2, 3, Paris, Éd. du Cerf, 2000.

Étage 9

Les chrétiens oubliés

En tant que paroissiens et habitants du quartier, vivre notre foi, sans ostentation provocatrice mais sans honte non plus, c'est aussi une façon de soutenir les quelques chrétiens qui restent dans le quartier, leur montrer qu'ils ne sont pas seuls, les encourager dans leur foi et les ramener vers l'église qu'ils ne fréquentent plus tellement. Ces chrétiens oubliés des cités se font si rares que nous choisissons de nous en occuper avec une attention particulière. Ainsi Samantha et Francesca, deux petites voisines sénégalaises, viennent de temps en temps à la messe et donc au catéchisme qui a lieu pendant les lectures et l'homélie. À la demande du curé, Marie-Alix les a préparées pendant une année à la première communion, qu'elles ont faite en grande pompe, en mai. Un mois plus tard, alors que le ramadan avait commencé, je les croise un soir, vers 23 heures, en bas de chez nous :

– Vous n'êtes pas couchées ? Pourquoi vous traînez dans la rue si tard ?
– Ben, c'est le ramadan ! Du coup on fait la fête le soir !
– D'accord... mais vous êtes chrétiennes ?
– Oui, mais comme toutes nos copines sont musulmanes, on fait le ramadan nous aussi !

Un autre soir de ramadan, après une journée que les familles ont passé enfermées dans leurs minuscules appartements pour ne pas subir la chaleur du soleil et être ainsi tentées de manger ou boire, je croise Mélanie, une ado chrétienne que je connais bien et lui propose de venir aux vacances que nous organisons.

– Je ne peux pas, me répond-elle.
– Pourquoi ?
– Parce que c'est ramadan, toutes mes copines font ramadan, donc elles ne viennent pas. Et je ne veux pas venir si elles ne sont pas là.

Seule chrétienne au milieu d'un groupe de filles musulmanes, dont certaines récemment voilées et assez prosélytes, Mélanie se sent obligée de suivre leur mode de vie, si elle ne veut pas rester seule. Aujourd'hui, elle crie haut et fort qu'elle vient de se convertir à l'islam.

☆

« Un chrétien isolé est un chrétien en danger », c'est pourquoi il est essentiel de les entourer, les visiter, prier avec eux, les réconcilier avec l'Église le cas échéant. Pour cela, nous avons pris l'habitude de proposer aux habitants la bénédiction de leur appartement par le vicaire paroissial ou d'aller réciter le chapelet une fois par semaine dans une famille différente du quartier. Et à chaque chapelet, la Sainte Vierge offre aux maisons et aux cœurs qui l'accueillent une paix étonnante. Je me souviens de mes années de pension où l'on me disait qu'une petite boule de chapelet pouvait sauver le monde. Dans la cité, nous expérimentons réellement la tendre et maternelle présence de la Sainte Vierge.

Une amie vient chaque semaine du centre-ville pour participer à ce petit temps de prière autour de la Sainte Vierge. Elle sort un jour du chapelet avec les yeux qui brillent :

> Nous avons proposé à Fatou de venir prier le chapelet chez elle. Elle était enfermée dans le noir, au fond de son lit. Elle a été très méfiante au début, elle avait mal aux yeux et à la tête. Nous avons quand même commencé à prier. Très vite, Fatou

a commencé à se relever. Un peu plus tard, elle est allée chercher des petites images pieuses qu'elle a disposées à côté de l'icône. Quelques minutes après, ce sont des bougies qu'elle a allumées. À la fin, elle animait elle-même le chapelet. Merci Marie !

Autre semaine, autre chapelet : nous arrivons chez Isabelle. Elle est absente, ses filles nous ouvrent et on commence à réciter le chapelet. Soudain, Isabelle arrive et nous interrompt : « Je suis désolée, ma carte bleue s'est fait avaler, faut que j'y retourne, je suis obligée de vous mettre dehors ! » Bon… On se retrouve dans la rue pour finir le chapelet. Devant nous, un jeune fait des va-et-vient avec sa grosse moto qui, depuis une semaine, nous casse les oreilles à longueur de journée. Sans doute inspirée, l'une de nous va le voir :

– Oh, toi, tu peux arrêter avec ta moto ? On ne s'entend même pas prier !

– Comment, Madame, vous priez là ?

– Oui, on prie et on n'entend rien ! Je suis très heureuse que tu t'amuses, mais cela fait trop de bruit.

S'ensuit un court échange, puis le jeune, aussi surpris qu'heureux, va ranger sa moto.

Le 11 février, à l'occasion de la fête de Notre Dame de Lourdes, nous décidons d'aller visiter des familles chrétiennes pour réciter le chapelet avec elles. J'appelle donc une maman que l'on connaît bien, Rita, et lui propose de venir prier chez nous. Elle est italienne, donc de « culture » chrétienne, mais son mari est musulman. On n'y croit pas trop : plusieurs fois on l'avait été invitée à passer… en vain. Or, ce jour-là, à 14 heures pile, elle arrive ! Je lui donne un chapelet, pensant qu'elle savait comment s'en servir, mais me rends vite compte qu'il n'en est rien. Après une petite explication, elle fonce. C'est la première fois qu'elle récite le chapelet. À la fin, avec un grand sourire, elle se réjouit : « Oh, je suis dans une grande paix ! Je peux revenir mardi pour prier ? » Mardi, c'est le jour où elle vient faire un peu de conversation française avec Marie-Alix et d'autres mamans. Depuis, elle arrive tous les mardis en avance, pour prendre 20 minutes de prière avant l'arrivée des autres.

Abandonnée par son premier mari à la suite de la naissance d'un fils handicapé, elle s'est remariée à Mohammed, Tunisien bien sympathique, avec qui elle a eu trois enfants. Ils ont passé plusieurs années au Danemark avant de débarquer à Marseille « parce qu'on pensait qu'en France, tout serait simple, on serait accueilli et on aurait des aides » ! La réalité est bien plus dure qu'ils ne l'avaient imaginée et, quand nous la rencontrons, toute la famille vit dans un minuscule T2 insalubre, qu'ils payent 500 euros par mois, et sans aucune aide de la CAF parce qu'en tant que citoyens européens, ils n'y ont pas droit plus de six mois.

> Il aurait mieux valu que vous ne montriez pas votre passeport italien, leur explique un jour une dame de la CAF lors d'un énième rendez-vous où je les accompagne pour essayer de leur obtenir quelques sous. Vous auriez seulement dit que vous étiez Tunisien, vous auriez eu beaucoup plus d'aides !

Cherchez l'erreur… Toujours est-il que Mohammed et Rita s'endettent chaque mois et n'ont personne pour les aider. Elle ne parle qu'italien. Leur fils handicapé n'a aucune prise en charge et dépérit au fond de son lit (collé au lit de ses deux frères dans ce qui sert à la fois de chambre, de salle à manger, de salon), se renfermant sur lui-même et ses membres déjà fragiles se paralysant petit à petit. Leurs deux autres enfants, enfermés dans cette pièce, n'ont pour seuls jouets que l'ordinateur et la télévision. Intenables, ils étouffent dans cet espace beaucoup trop petit pour eux. Leurs parents en deviennent violents, comme le frère handicapé qui a du mal à retenir ses réactions brusques, tout en essayant de compenser cette misère par des chips, des sodas, des gâteaux en tous genres ou des jeux vidéos achetés sur Internet... ce qui donne des factures hallucinantes à la fin du mois ! Entre l'obésité, l'asthme, l'arthrose, la famille passe son temps chez le médecin qu'on ferait mieux d'appeler charlatan tellement il essaye de leur faire acheter le moindre nouveau médicament ou vaccin qui sort, parfaitement inutile, sauf pour rendre ces pauvres gens encore plus assistés. Avec aucune entrée d'argent et beaucoup de dépenses, Rita n'a parfois plus de quoi acheter à manger pour sa famille. Pas de cadeaux à Noël évidemment. Elle en pleure tout ce qu'elle peut et sombre petit à petit dans une profonde dépression. Avec Mohammed, les relations sont tout sauf apaisées et Rita faillit partir un jour sans le prévenir avec ses enfants. Mais elle s'est ravisée, « pour que mes enfants aient leur père », dit-elle. Et l'on pourrait ainsi continuer à décrire sans fin une situation familiale absolument désespérante à vue humaine. Nous faisons tout ce que nous pouvons pour les aider socialement, en trouvant une structure d'accueil de jour pour leur fils handicapé, en trouvant un travail à Mohammed (aujourd'hui chef d'équipe en CDI), en donnant des cours de français à Rita et en les aidant dans les démarches pour obtenir un nouveau logement, ce qui devrait être fait d'ici quelques mois. Mais au-delà de cet accompagnement, nous goûtons vraiment auprès de cette famille l'immense réconfort de la simple présence, de l'écoute attentive, de la visite gratuite, pour rien. D'un cadeau pour un anniversaire (« Personne ne m'a jamais fait de cadeau pour mon anniversaire dans ma famille », pleurait-elle en ouvrant une simple petite plante verte que nous lui avions offerte). Combien de fois Mohammed s'est-il confié à nous ? Combien de fois Rita a-t-elle pleuré dans nos bras et nous avec elle ? À travers nous, pauvres instruments, le Bon Dieu et la Sainte Vierge lui ont dit plusieurs fois : « Tu as du prix à nos yeux et je t'aime. » Cette paix ressentie après le chapelet, qu'elle partage avec un visage radieux et les yeux baignés de larmes de joie, malgré cette vie qu'elle ne supporte plus, cette paix n'est pas de nous, ne vient pas d'elle : elle descend du Ciel.

La Sainte Vierge a offert à Rita un autre petit miracle. Alors que je lui lance une invitation à venir à Paray-le-Monial, ville où Jésus a montré son cœur brûlant d'amour, Rita me répond : « Mais je le prie tous les jours, j'ai une grande dévotion au cœur de Jésus ! Je l'aime tellement ! » Je continue donc de parler de Paray-le-Monial, mais elle me coupe : « Je ne pourrai pas venir car mon mari travaille tard le soir et je ne peux pas laisser la maison vide, les voleurs vont venir. » Je lui sors alors une médaille miraculeuse de ma poche (il faut toujours avoir un petit paquet de médailles miraculeuses sur soi !) et lui tends en lui disant : « Tu laisses la médaille ici pendant les cinq jours et je te promets que la Sainte Vierge veillera sur ta maison. » C'est alors que Rita retourne la médaille miraculeuse et se réjouit de voir au dos... l'image de Jésus montrant son cœur, comme à Paray-le-Monial ! Une médaille qui n'existe pas, comme me le confirmeront les recherches que je ferai par la suite, et qui, dans tous les cas, n'a absolument aucune raison de se trouver au milieu de toutes les autres médailles miraculeuses, toutes identiques au modèle de la rue du Bac. Tout sauf une, sauf celle que je prends ce jour-là pour Rita. Comment cette médaille différente est-elle arrivée là ? Comment se fait-il que, plongeant ma main sans regarder quelle médaille je prends, ce soit celle-là que je choisisse ? Pourquoi faut-il que cela tombe précisément sur Rita, alors que j'en distribue si souvent ? Et comme par hasard, cela arrive le jour où je parle de Paray et que Rita me confie sa grande dévotion au cœur de Jésus ? Alors, comme c'est toujours aux pauvres que Jésus apparaît et qu'Il le fait sous des formes différentes, je crois volontiers qu'un petit miracle s'est produit ce jour-là et que le revers d'une médaille miraculeuse ordinaire a été gravé pour l'occasion par la Sainte Vierge. D'ailleurs, croisant Rita quelques jours après, je lui fais part de mon étonnement. Elle me répond, de la façon la plus naturelle : « Jésus veut juste me dire qu'Il m'aime ! »

☆

À la veillée pascale, Sophia est là, essayant d'oublier, le temps d'une fête, les violences indescriptibles que lui fait subir son mari. Brisée en mille morceaux, elle ne trouve plus l'énergie pour recommencer une autre vie et se considère comme « déjà morte ». Rien, dans son apparence, ne le montre, mais quand la porte du cœur commence à s'ouvrir, ce sont des torrents de malheurs qu'elle confie dans les larmes. À la communion, je lui propose de s'avancer, mais elle me répond, presque honteuse :

– Je ne suis même pas baptisée !

– Ne t'inquiète pas, tu peux quand même t'avancer en croisant les bras sur ta poitrine, et le prêtre va juste te bénir si tu veux.

– Ah oui, ça, j'en ai bien besoin de sa bénédiction, avec toutes les m… que je traîne !

Elle s'avance et je me place derrière elle pour l'accompagner. Plus nous approchons du prêtre, plus je l'entends dire : « Ouh là là, je sens que je vais pleurer. » Au moment où le père la bénit, elle éclate en sanglots. Plus que nous-mêmes qui communions souvent par mécanisme, elle est visitée par Jésus. Quelque chose se passe dans son cœur à ce moment-là, une petite fissure s'entrouvre et toute sa misère se déverse, dans ses larmes, aux pieds de l'autel. Jésus est là, pleurant avec elle et lui souriant à la fois, récupérant cette eau blessée et lui disant : « Maintenant, suis-moi, je vais te donner l'Eau Vive ! »

☆

« Quand Giorgio sort de prison, je fais baptiser toute la famille ! » Cette phrase, Marie nous la lance un jour, comme on lance une bouteille à la mer en espérant que quelqu'un l'attrape et réponde à l'appel. Marie est depuis plusieurs années en pleine dérive, sans aucun cap à atteindre, prise dans des tempêtes intérieures et extérieures violentes qui l'ont fait sombrer dans l'alcool et poussée vers le suicide. Avec son aîné en prison, et son second, Sabri, 14 ans, déjà trop séduit par la rue pour réintégrer une vie sociale classique, elle ne sait plus quoi faire. Aucun revenu, un appartement désespérément vide, à part l'écran plat, jamais rien à manger. Unique menu familial, le même tous les jours : nuggets et frites. Et une violence insupportable, agressive, dès qu'il s'agit d'entrer en relation avec quelqu'un, notamment pour Sabri. Quand nous l'avons connu, il venait de passer six mois dans un établissement pénitentiaire pour mineur. Il avait braqué un conducteur dont il voulait la voiture. Comme dans les jeux vidéos ultra-violents sur lesquels il passait des nuits entières, il pensait arriver à toutes ses fins par l'utilisation franche et directe de la violence. Il avait été renvoyé de son collège pour avoir agressé un professeur au couteau. Renvoyé de tous les collèges, il traînait donc tout le temps dehors, en bas des blocs. Un éducateur du quartier, athée, m'avait dit : « Nous, on ne s'occupera plus de lui, il est perdu. Mais toi, avec ta charité chrétienne, tu peux peut-être faire quelque chose. »

Face à une situation familiale si catastrophique, on ne sait pas par quel bout prendre le problème tellement tout se tient et tellement plus rien ne tient. Entre le juge, les éducateurs traumatisés, les soucis de la mère, ses crises d'alcoolisme, la prison, l'extrême misère matérielle, comment ne pas s'écrier : « Seigneur, au secours ! » Alors, c'est ce que nous faisons, aidant ci et là, répondant à quelques demandes, mais surtout priant beaucoup pour eux et les visitant chaque semaine, sans que rien ne change pour eux en apparence, si ce n'est la conviction qu'ils comptent au moins pour quelques personnes, que nous sommes heureux de venir les voir, que nous voulons faire ensemble un bout de cette route qu'est la vie.

C'est au cours d'une de ses visites que Marie nous annonce son souhait, qu'elle mettra d'ailleurs à exécution, de faire baptiser tout le monde. Le baptême a lieu à Pâques, un baptême à la Bergoglio, où le prêtre baptise d'abord et fait la catéchèse après. Où tous les membres de la famille, à la queue leu leu, reçoivent l'eau, le sel, le vêtement blanc et la lumière les uns à la suite des autres, où la marraine débarque en plein milieu du baptême parce qu'elle a oublié. Sabri passe un coup de fil dans l'église, alors que nous en sommes déjà au Kyrie, et la super-marraine, attendue comme le messie, arrive enfin. Folklorique. Mais c'est un moment de grâces et de joie, qui donne un élan à la famille pour revenir à la messe les dimanches suivants, Sabri demandant même à être servant d'autel et tenant son cierge mieux qu'un militaire ne tient son arme quand on le passe en revue. Pourtant, dans sa vie de tous les jours, rien ne change : sitôt sorti de la messe, il retrouve ses jeux vidéos, ses armes, sa violence. Jusqu'à ce que qu'il disparaisse. Mystérieusement, du jour au lendemain, on ne le voit plus. En passant dans la rue, j'interroge ses amis :

– Il est parti Sabri ?
– Non, non, il est chez lui.
– Il ne traîne plus dehors avec vous ?
– Non, il va au collège, et il rentre. Mais il ne descend plus ici.
– Pourquoi ?
– Je sais pas, moi. Demande-lui.

Bonne idée, je vais aller lui demander. À chaque fois que je passe chez lui pendant la journée, on me dit qu'il est au collège. Je suis assez étonné de sa soudaine assiduité scolaire mais j'ai envie d'y croire. Je me décide à y aller un soir. Je sonne et c'est Sabri qui m'ouvre !

– Alors, tu es bien là ?
– Ben oui, tu croyais que j'étais où ?
– Je ne sais pas, comme je ne te voyais plus dehors, je me disais que tu étais parti au bled !
– Non, je suis là.
– Et tu ne sors plus ?
– Non, je reste ici.
– Tu sais, je suis très heureux de ne plus te voir dehors. Ça me fait plaisir de te voir aujourd'hui chez toi, autant que ça me fait plaisir de ne plus te voir dans la rue. C'est pas bon pour toi. Tu vas au

collège, tu rentres chez toi et tu ne ressors pas, c'est ce qu'il y a de mieux à faire. Je peux te demander quelque chose ?

– Vas-y.

– Pourquoi tu ne traînes plus ? Tu as eu des problèmes ?

– Non, mais ça rend fou. Ça rend fou.

Il répète cette dernière phrase plusieurs fois, me faisant comprendre qu'il ne m'en dirait pas plus. Je suis prêt à me contenter de cela quand Marie entre dans la pièce en jubilant : « Amaury, Dieu me l'a éclairé ! Dieu me l'a éclairé ! Dieu me l'a éclairé ! » Et c'est elle qui me fait tout comprendre : oui, j'en suis sûr, Dieu l'a éclairé. Au baptême, Sabri a reçu un cierge. Il a quitté les ténèbres pour entrer dans la lumière. Dieu la lui a donnée. Il a envisagé sa vie sous un autre angle. Il ne met pas de mots dessus, mais il a compris dans son cœur qu'il ne prenait pas le bon chemin et, surtout, il a eu la liberté, face à tous ses « amis », de le quitter pour prendre une autre route. Oui, Marie, Dieu a éclairé ton Sabri. Ce que personne n'a jamais réussi à faire pour lui, Dieu l'a fait !

CHRONIQUES DE L'ASCENSEUR

– Épisode 9 –

Ô Dieu, daigne répandre ta bénédiction sur cet ascenseur, œuvre de l'intelligence et du travail des hommes. Fais qu'il soit un instrument docile à notre service pour un monde meilleur et plus fraternel. Accorde à celles et ceux qui l'utiliseront le calme, la patience, le sang-froid, le respect du droit des autres, le pardon des offenses. Donne-leur la santé de l'âme et la protection du corps. Par le Christ, Notre Seigneur.

L'ascenseur toujours en panne. Plusieurs fois, nous y restons coincés avec les filles. Nos demandes, nos réclamations, nos pétitions, rien n'y fait. Aux grands maux, les grands remèdes : nous invitons le jeune prêtre de la paroisse à dîner chez nous et lui demandons d'apporter de quoi procéder à sa première bénédiction d'ascenseur.

Comme on dit dans la pastorale : « Tu jettes un peu d'eau dessus et personne n'y verra rien. » Sauf que là, l'eau, elle est bénite. Et que l'eau bénite, ça fait des miracles.

Étage 10

Les pauvres et la joie

Par une nuit profonde je viens ici, et c'est un temps d'hiver, boueux et froid au point que des pendeloques d'eau froide congelée se forment aux extrémités de ma tunique et me frappent toujours les jambes, et du sang jaillit de ces blessures. Et tout en boue et froid et glace, je viens à la porte et, après que j'ai longtemps frappé et appelé, un frère vient et demande : « Qui est-ce ? » Moi je réponds : « Frère François. » « Va-t'en ; ce n'est pas une heure décente pour circuler ; tu n'entreras pas. » Et à celui qui insiste, il répondrait à nouveau : « Va-t'en ; tu n'es qu'un simple et un ignare. » Et moi je me tiens à nouveau debout devant la porte et je dis : « Par amour de Dieu, recueillez-moi cette nuit. » Et lui répondrait : « Je ne le ferai pas. » [...] Je te dis que si je garde patience et ne suis pas ébranlé, qu'en cela est la vraie joie.

Depuis que nous vivons dans la cité, des gens nous demandent : « Mais vous êtes heureux ? »

Oui, nous sommes heureux. Nous goûtons une vraie joie, comme en parle saint François dans ce petit « fioretti ». Il l'appelait aussi la « joie parfaite », cette joie d'autant plus profonde qu'elle est nourrie d'épreuves, de fatigue, d'épuisement, de ras-le-bol général mais aussi, au-delà de tout ce qui aurait pu nous faire craquer, de cette possibilité, enfin, de vivre un peu de cette radicalité et cet abandon auxquels le Christ ne cesse de nous appeler, de cette certitude que Dieu nous a voulus ici et qu'il nous donne tout ce dont nous avons besoin pour tenir, de ces expériences, inouïes, où nous le voyons transformer la boue du quotidien en argile dont il sculpte l'homme. La croix et la joie.

Comment ne pas jubiler, quand Dieu lui-même nous délivre du danger ? Nous avons la mauvaise surprise, un matin, de découvrir que des nouveaux habitants à l'allure pas très sympathique se sont installés, sur un lieu de passage que nous ne pouvons pas contourner et que nous devons utiliser quotidiennement. Au début, cela ne pose guère de problèmes, mais rapidement, l'ambiance se dégrade au point de devenir dangereuse : insultes, crachats, menaces d'ordre pornographique avancé, … Nous devons donc trouver une solution, pacifique, et qui soit durable : qui mieux que Dieu lui-même peut agir ? Nous demandons donc au jeune vicaire de la paroisse de bénir un litre d'eau, avec lequel je vais asperger le lieu concerné, où je dépose aussi deux petites médailles miraculeuses. Puis nous prions. La réaction du Malin, sentant sans doute qu'il ne tiendrait pas longtemps dans un endroit désormais occupé par la Sainte Vierge, ne se fait pas attendre : le soir même, violente agression, qui nous fait terriblement peur. À ce moment-là, nous doutons : « Mon Dieu, mon Dieu, pourquoi m'as-tu abandonné ? » Je dors mal plusieurs nuits, assez traumatisé, bien que l'intégrité physique de tous ait été préservée, grâce à Dieu. Le troisième jour qui suit cette maudite soirée, surprise : personne au point de vente. Par prudence, nous attendons de voir si cela dure. Le lendemain, encore personne. Le surlendemain, pareil. On n'ose pas y croire : la voie est libre. Le miracle demandé aurait-il eu lieu ? On est dimanche, je vais à la messe. Et là, il n'y a plus de doute possible. Dans la lecture, j'entends :

> Voici que je fais couler vers Jérusalem la paix comme un fleuve, et comme un torrent débordant, la gloire des nations. Comme celui qui sa mère console, moi aussi je vous consolerai. À cette vue, votre cœur sera dans la joie [Is, 66, 10-14].

En me revoyant en train de renverser mon litre d'eau bénite, ce qui n'avait effectivement pas tardé à se transformer en torrent, je me mets à sourire. À ce moment, je le sais : c'est bien Dieu qui nous a exaucés ! Et comme il sait combien j'ai parfois l'oreille dure à tous les « clins-Dieu » qu'il envoie, il confirme sa bienveillance pour nous dans l'évangile qui suit :

> Voici que je vous ai donné le pouvoir d'écraser serpents et scorpions, et sur toute la puissance de l'Ennemi : absolument rien ne pourra vous nuire. Toutefois, ne vous réjouissez pas parce que les esprits vous sont soumis ; mais réjouissez-vous parce que vos noms se trouvent inscrits dans les cieux [Lc 10, 19-20].

Impossible de garder ça pour moi : je crie de joie intérieurement, j'ai envie de danser, j'ai envie de crier sur les toits comme Dieu est grand ! Car qui sommes-nous, pauvres petits serviteurs inutiles, pour qu'il prenne soin de nous ainsi ? « Qu'est-ce que l'homme pour que tu penses à lui, le fils d'un homme, que tu en prennes souci ? » (Ps 8.) J'attrape le prêtre à la sortie de la messe et lui raconte tout. Et lui de m'inviter à chanter le Magnificat :

Dans cette prière, me dit-il, Marie, sans fausse humilité, exulte d'avoir été choisie par Dieu. Mais elle n'en tire aucune gloire pour elle, elle ne fait que rendre gloire à Dieu !

Ce jour-là, le Magnificat a pour moi une saveur nouvelle. J'exulte, je suis rempli d'une joie inexprimable. Dieu a entendu notre supplication et Il est venu nous sauver.

☆

L'usure de notre voiture ayant été accélérée par la famille de rats qui avait décidé de nicher dans le moteur, nos passages chez le garagiste étaient de plus en plus fréquents… et coûteux. Nous décidons donc de nous en débarrasser, mais sans, a priori, avoir les moyens d'acheter un autre véhicule. Nous avions bien quelques sous de côté, mais devions-nous les dépenser pour cela ? Dans l'incertitude, nous proposons à saint Joseph de nous aider à trouver un généreux donateur ou un vendeur très bon marché, en lui fixant une date butoir. « Après cette date-là, si nous n'avons pas de réponse, nous considérerons que nous devons dépenser notre petite réserve », lui écrivons-nous. Nous commençons une neuvaine. Le quatrième jour de la neuvaine, mon frère m'appelle :

> On nous a donné une voiture. On devait la passer à un ami, mais finalement il n'en a plus besoin. On a appris que vous en cherchiez une. Vous la voulez ?

Merci Saint Joseph !

☆

Ici, les joies sont quotidiennes, elles sont infinies. Nous ne saurions les dire toutes tant il y en a. Si, bien des fois, nous nous sommes sentis inutiles, si nous avons pensé souvent que notre présence ici ne changeait rien, si nous avons cherché à voir les fruits que nous portions alors que cela ne nous appartient pas, à l'inverse, prendre un peu de recul permet de réaliser que Dieu fait des prodiges. Qu'à travers notre petite présence bien pauvre, il agit. Qu'il se sert de nous pour que le monde se sache aimé. Par notre simple présence ici, sans que nous ne fassions de grandes choses et, au contraire, malgré tout ce que nous faisons mal, Dieu se sert de nous. Une maman qui parle mieux français ; un jeune qui trouve du travail ; des ados de la cité qui passent cinq jours avec des routiers ;

un enfant qui ne traîne plus seul dans la rue ; des personnes âgées isolées qui sont désormais visitées, des chrétiens qui partent en pèlerinage à Lourdes, ce sont autant de petites choses qui comblent le cœur au quotidien. Des minuscules fruits, mais des joies immenses.

☆

Parce qu'il n'y a pas de raison que les enfants soient les seuls à avoir des vacances, nous proposons à des familles qui n'ont pas la possibilité de partir de passer quelques jours en dehors de la cité, du bruit et de la chaleur. Le concept plaît à beaucoup, mais il est souvent difficile pour eux de quitter leur appartement. Après plusieurs faux espoirs, des inscriptions à rebondissements, de multiples annulations, enfin, l'avant-veille du départ, nous comptons deux familles d'origine italo-tunisienne et kabylo-slave – l'une d'elle, rencontrée au cours d'une visite dans la cité alors qu'elle était là depuis plusieurs années, s'était exclamée : « C'est la première fois que je parle avec des Français. Comment on fait pour rencontrer des Français ? » Un joyeux melting-pot, puisqu'une famille d'amis de Paris nous rejoint. Deux familles des beaux quartiers, deux familles de la cité, tous embarqués dans le même petit coin de paradis : les Hautes-Alpes. Le lieu est idéal : silence, beauté des paysages, abbaye des sœurs où l'on peut participer aux activités de la ferme ou prier, plan d'eau pour se baigner, etc. Dès l'arrivée, nos hôtes sont conquis et demandent à aller rencontrer les sœurs, des « êtres » qu'ils n'ont jamais vus en vrai. Des tas d'interrogations jaillissent : « Mais c'est quoi des sœurs ? », « Comment elles font pour ne pas se marier ? », « De quoi vivent-elles ? », « Cotisent-elles à la Sécu ? », « Et que font-elles toute la journée ? » Allez, c'est parti pour un long entretien avec une jeune sœur, entrée à l'âge de 19 ans et rayonnante comme tout. De quoi épater et toucher profondément les cœurs, les nôtres, ceux de nos amis de la cité ou de Paris, et ceux des sœurs. Au fur et à mesure des jours qui passent, les enfants délaissent peu à peu leurs tablettes et autres gadgets électroniques pour des livres, des balades, des jeux en plein air. Cinq jours de repos donc, pour nous tous qui vivons dans le bruit permanent des grosses villes ; cinq jours de campagne pour nos enfants qui ne quittent pas assez le béton et découvrent les plaisirs innocents de la nature, de la beauté des papillons aux promenades à dos-d'âne, en passant par la cueillette des groseilles et le tri des abricots ; cinq jours également où l'on s'enrichit chacun des expériences éducatives des autres. « Je regarde comment vous faites, me dit Josiane, deux fois grand-mère, et j'essaie de le refaire avec mes petits-enfants. » On ne se rend pas compte à quel point notre manière de vivre et d'éduquer peut sembler étonnante à des personnes qui n'ont pas les mêmes habitudes : les repas à heure fixe contre le « je mange quand j'ai faim », apprendre à manger de tout et non choisir ce que je mange, parler à ses enfants pour leur dire notre mécontentement et non les frapper, ne pas mettre sur le même niveau d'autorité parents et enfants, redire que l'amour fusionnel d'une mère pour son fils n'aide pas à la croissance et à la maturité du garçon, de même que les conversations des adultes ne sont pas toujours audibles par les enfants. Un des sujets qui revient systématiquement, c'est la télévision. Avec ma femme, nous avons fait le choix de ne pas en avoir. « Quoi, vous n'avez pas la télé ? » Quand ils apprennent ça, beaucoup hallucinent. Eux qui vivent avec l'écran allumé en permanence, habitués à ces images et à ce fond sonore permanents, c'est souvent la première chose qu'ils remarquent en arrivant chez nous : le silence. Puis les questions s'enchaînent : « Mais vous faites quoi, sans la télé ? Et vos enfants, c'est méchant de les priver de télé, elles doivent s'ennuyer ! » À nous d'expliquer qu'à l'écran qui nous laisse passifs, nous préférons lire des histoires à nos filles, pour favoriser leur imagination ; leur offrir des livres et des puzzles ; nous aussi lisons beaucoup ou aimons prendre du temps pour parler tous les deux le soir. Bref, la télévision, on n'en veut pas et on en est très heureux ! Les vacances en famille, c'est aussi l'occasion pour nous de participer tranquillement aux offices du jour, dans un cadre monastique paisible. Et de faire goûter à nos amis présents pourquoi ces temps de prière sont si importants pour nous : parce que, dans une vie où l'on court tout le temps, où le bruit et les odeurs nous assaillent, où l'on est parfois écrasé par les réalités qui nous entourent, ici, dans cette chapelle, nous nous reposons sur le cœur de Jésus. À la fin du séjour, personne ne veut partir. Deux rendez-vous sont pris : les familles de la cité demandent aux sœurs si elles peuvent revenir fin août. Et annoncent à nos amis de Paris qu'elles aimeraient venir passer quelques jours chez eux, aux pieds de la Tour Eiffel. Évidemment, la réponse de tous est « oui ». Nous pouvons rentrer tranquilles : deux univers qui ne se connaissaient pas se sont rencontrés et aimés. Ils veulent poursuivre leur relation, avec ou sans nous. Tant mieux si c'est sans : cela veut dire que le pari est gagné !

☆

Toucher, chez nous, la réalité de ce que vivent nos frères chrétiens d'Orient, je ne l'avais pas imaginé, et pourtant, ce fut une constante. Irakiens, Syriens, Iraniens, nombreux sont ces hommes, femmes ou enfants ayant fui leur pays pour venir trouver en France un peu de sécurité. Parmi eux, nous avons tissé de belles relations avec Salih, un Égyptien qui, converti au christianisme alors qu'il était encore dans son pays, a dû tout quitter pour échapper à la mort et est arrivé jusqu'en France, sans papier, espérant que la « fille aînée de l'Église » lui accorderait l'asile. En attendant que toutes ces démarches aboutissent, Salih vivait au jour le jour, trouvant du travail sur des chantiers et arrivant tant bien que mal à se payer une chambre chez des marchands de sommeil. Malheureusement, quand il n'y avait pas d'embauche, il n'y avait pas de sous à la fin de la journée, et donc pas de lit. Ce qui nous a fait vivre une situation cocasse : un soir, alors que nous sommes en train de regarder le film *Welcome*, dans lequel Vincent Lindon se met à héberger des clandestins pour regagner l'amour de sa femme très engagée auprès des migrants, Mohsen sonne et demande s'il peut dormir chez nous. Nous le faisons donc entrer et Marie-Alix met le film sur pause. L'image montre alors Vincent Lindon en train de déplier son canapé-lit pour y coucher deux migrants qu'il accueille chez lui… ce que je fais moi aussi, de mon côté, au même moment ! J'installe Mohsen et lui souhaite bonne nuit, avant de retrouver Marie-Alix… et Vincent Lindon qui souhaite aussi bonne nuit à ses deux réfugiés ! Au-delà de l'aspect comique de la situation, nous avons une vraie joie à accueillir Salih chez nous, comme on aurait accueilli le Christ frappant à notre porte. Heureusement pour nous comme pour lui (car les appartements sont petits et la cohabitation n'aurait pas été évidente sur le long terme !), nous trouvons à Salih une solution de logement plus durable par la suite. Notre relation pour autant ne s'est pas interrompue et c'est toujours avec intérêt que nous l'écoutons raconter, avec le peu de français qu'il maîtrise, son périple pour quitter l'Égypte, sa rencontre avec le Christ ou ses galères de clandestin. Elles sont nombreuses, violentes, cruelles parfois, mais Salih est édifiant : il a choisi la Croix, il la porte aujourd'hui sur ses épaules et n'entend pas la laisser tomber.

☆

Il y a quelque chose d'absolu dans cette joie profonde que nous ressentons et, n'étant ni philosophes, ni poètes, ni mystiques, ni rien du tout, nous avons bien du mal à l'exprimer. Ce que nous vivons ici nous comble. Nous sentons combien nous touchons du bout des doigts, des lèvres et du cœur, l'essentiel. L'authentique. Quelle richesse, quelle grâce, que la vie quotidienne rythmée par l'eucharistie, la vie plus simple qu'avant (en vivant avec des pauvres, on s'appauvrit soi-même, sans mérite aucun, mais seulement parce qu'on est enfin libérés du regard des autres qui comptait tant pour nous avant), des relations vraies, loin des mondanités ! Notre confiance en Dieu croit, car, dans bien des situations, nous n'avons pas d'autre choix que de nous reposer entièrement sur Lui. Notre amour pour Lui grandit, car nous voyons à quel point Il veille sur nous. Et notre espérance, avec Lui, est plus vive que jamais car nous voyons les prodiges que fait l'Amour dans un cœur qui, avant toute consolation matérielle, n'attend que lui. L'immense Bernanos affirmait que

> si nous pouvions disposer de quelque moyen de détecter l'espérance comme le sourcier découvre l'eau souterraine, c'est en approchant des pauvres que nous verrions se tordre entre nos doigts la baguette de coudrier [...]. Les pauvres ont le secret de l'espérance[1].

1. Georges BERNANOS, *Les Enfants humiliés*, Paris, Gallimard, 1998.

La joie, enfin, vient de tout ce que nous recevons. « C'est en donnant que l'on reçoit » : c'était pour nous une évidence mais nous en faisons aujourd'hui l'expérience. Qu'est-ce que nous recevons ? Là aussi, les mots nous manquent. Nous les empruntons alors à notre bon pape François, dont l'Exhortation apostolique a été un magnifique encouragement :

> [Les pauvres] ont beaucoup à nous enseigner. En plus de participer au *sensus fidei*, par leurs propres souffrances ils connaissent le Christ souffrant. Il est nécessaire que tous, nous nous laissions évangéliser par eux [...]. Nous sommes appelés à découvrir le Christ en eux, à prêter notre voix à leurs causes, mais aussi à être leurs amis, à les écouter, à les comprendre, et à accueillir la mystérieuse sagesse que Dieu veut nous communiquer à travers eux[1].

Finalement, il semble que cette joie soit celle de l'Évangile. Tout simplement. La vie ici nous dépouille de nous-mêmes et nous centre sur Dieu, qui Lui-même et aussitôt nous décentre de Lui pour nous envoyer vers nos frères leur dire combien ils sont aimés. La vie de l'Évangile rend heureux. Les pauvres, qui autrefois nous émouvaient,

1. FRANÇOIS, *La Joie de l'Évangile*, Paris, Éd. du Cerf, n° 198.

qui hier nous insupportaient, aujourd'hui nous comblent. Ils nous font grandir, ils nous poussent toujours plus loin, ils nous entraînent à la charité. Ils nous bousculent, par leur confiance en Dieu. Combien de fois Rita m'a-t-elle redit, malgré sa vie de misère : « Mais je sais que Dieu est là, Il s'occupe de nous ! » Combien de fois aurais-je tout laissé tomber à la place de Salih, abandonné par tous à cause de sa conversion ! Combien de fois me suis-je demandé comment Mehdi ou Marie tenaient bon, malgré leur dépression, malgré leur pauvreté, malgré tous les malheurs du monde qui s'abattent sur eux ? Tous ces gens nous édifient. Leur courage est une leçon de vie. Ils nous surprennent par leur générosité. Leur cœur est grand et ils nous invitent à ouvrir le nôtre à de nouvelles dimensions. Bien sûr, ça tire, ça écartèle. Mais l'espérance qu'ils vivent et nous communiquent est à ce prix. Ici, nous touchons ce que Christian, de Chergé, moine à Tibhirine, décrit comme la « qualité, l'authenticité humaine de tout ce qui s'accomplit avec l'invincible espérance d'une charité possible, simplement parce DIEU EST LÀ ».

CHRONIQUE DE L'ASCENSEUR

– Épisode 10 –

Victoire. Depuis que l'ascenseur a été béni, il ne tombe plus en panne. Nous pouvons enfin l'utiliser sans trop d'inquiétude.

Ce matin, les portes s'ouvrent sur un vieux monsieur musulman. Avec sa djellaba et son petit chapeau, il est vêtu de blanc des pieds à la tête.

« Regarde, maman, un pape ! »

Étage 11

Tous appelés

Au cours de nos années en banlieue, nous aurons rencontré plusieurs autres familles chrétiennes qui, pour un temps ou pour toute leur vie, ont fait ce choix radical de venir habiter au cœur des grands ensembles HLM. Des communautés religieuses aussi s'engagent sur cette terre de mission, comme les petites sœurs de l'Agneau qui, là où l'Esprit les porte, construisent au cœur des banlieues des petits monastères. Toutes ces personnes, dont certaines sont présentes et actives très longtemps, auraient été bien plus légitimes que vos humbles serviteurs pour rédiger un tel ouvrage. Nous n'avions d'ailleurs pas prévu de l'écrire, conscients que quelques années seulement ne permettaient pas d'avoir une vision suffisamment large du sujet. Pourtant, quand on nous l'a demandé, nous avons accepté. C'était l'occasion de témoigner largement de cette expérience en cité, si modeste soit-elle. D'autres que nous auraient partagé des histoires différentes, des croix plus lourdes,

des joies plus parfaites, des anecdotes plus drôles, des réflexions plus profondes. Mais la France a trop besoin de semeurs d'espérance pour qu'on se taise ! Il faut dire haut et fort que le choix d'aller vivre en HLM est source de joie ! Que si nos banlieues sont « sensibles », c'est justement parce qu'elles sont en attente d'un Amour absolu ! Que nos cités sont « chaudes » d'une chaleur humaine trop rare pour qu'on s'en prive ! Que l'urgence sociale, économique, mais aussi et surtout spirituelle est trop prégnante pour qu'on ne cherche pas à y répondre ! Bien sûr, il y a l'Afrique, l'Asie, l'Amérique du Sud, et là-bas aussi, il y a des urgences. Mais pourquoi, quand 20 jeunes français s'envolent pour aider à l'autre bout du monde, seul 1 ou 2 choisissent de rester au service des pauvres de chez nous ? D'autant qu'agir dans les banlieues a aussi un impact dans les pays d'origine des populations d'origine étrangère, qui retournent « au bled » chaque année… Ici aussi, la moisson est abondante mais les ouvriers sont peu nombreux. Alors, écrire ce livre, c'était humblement lancer ce cri : allons vivre au cœur de ces quartiers, découvrons-nous, aimons-nous les uns les autres comme Il nous a aimés ! Allons-y un jour, un mois, un an ou toute la vie, mais allons-y !

Pour notre part, nous avons répondu à cet appel de la cité pour quelques années, mais savons que nous n'y resterons pas toute notre vie. Nous avons fait un choix en tant qu'adultes mais nous ne nous sentons pas capables de faire grandir nos enfants dans cet environnement. Nous voulons que nos filles goûtent autre chose, connaissent des cadres de vie plus paisibles et plus jolis. Certes, quitter la cité et prendre de la distance avec toutes ces personnes que nous appelons désormais des amis, sera un arrachement. Mais la vie et le Bon Dieu nous appellent ailleurs.

L'essentiel pour nous, c'est de garder dans le cœur cette certitude que le service des plus pauvres comble de joie. Que ce soit en banlieue ou pas, nous avons ce grand désir en nous : comme Jésus avec les disciples d'Emmaüs, faire route avec ceux qui désespèrent, pour qu'au moment connu de Dieu seul, alors que peut-être nous aurons déjà disparu à leurs yeux, ceux-ci s'ouvrent, et leurs oreilles, et leurs mains, et leur esprit, et leur cœur, et leur âme. Qu'elles soient urbaines ou pas, les « périphéries » ont besoin de nous. Et nous avons besoin d'elles : si le Bon Dieu nous y envoie, c'est sans doute parce que nous avons besoin de cette mystérieuse sagesse qu'elles nous communiquent, cette espérance qu'elles font jaillir, ce dépouillement qu'elles apprennent, pour avancer sur notre propre chemin de conversion.

Faire un tel choix de vie est pour nous la seule façon de grandir dans la sainteté, Dieu nous le fait comprendre, attend notre réponse, puis donne toutes les forces dont nous avons besoin. Jamais je n'aurais imaginé faire l'expérience aussi concrète de la force de la prière, de la protection des anges gardiens, de la communion des saints et de tant de grâces qui pleuvent sur nous quand nous répondons « oui » à l'appel de Dieu pour nous ! « Et tant de grâces tombent du Ciel, que le soir, on est fatigué, mais heureux[1] ! »

« Des pauvres, vous en aurez toujours avec vous[2] » : dans les cités comme dans les quartiers chics, chez les personnes valides comme chez les personnes handicapées, en France comme ailleurs dans le monde, dans le secret des maisons de campagne comme dans les rues de nos grandes villes. Où que nous soyons, nous pouvons donc prendre notre bâton de pèlerin pour aller à leur rencontre. Vivre ensemble. Pleurer ensemble. Rire ensemble. Marcher ensemble. Grandir ensemble. Apprendre ensemble. Prier ensemble. Et ensemble, bâtir la civilisation de l'amour.

Saint Eugène de Mazenod, évêque et missionnaire zélé,

1. Clara Lubich, *Un nouvel art d'aimer*, Paris, Nouvelle Cité, p. 49.

2. Jn 12, 8.

Sainte Thérèse de l'Enfants-Jésus, patronne des missions et de la France,

Saint-Louis, serviteur de France, attentif aux pauvres, père et époux aimant, défenseur des chrétiens d'Orient, soucieux de la rencontre avec les musulmans,

Bienheureux Charles de Foucault, adorateur en plein désert,

Saint Jean Bosco, éducateur des âmes,

Bienheureuse Mère Teresa, secours aimant des mourants,

Saint Joseph, modèle d'humilité et de confiance en Dieu,

Sainte Vierge Marie, toi par qui Dieu est donné au monde,

priez pour nous. Que nous soyons tous « comme de minuscules satellites lumineux émergeant de nos ténèbres pour refléter quelque chose de Sa gloire dans l'éclat du soleil levant. N'être que cela, gratuitement, [...] une petite lune (pas toujours complète) reflétant la Lumière dans la nuit des hommes[1] ».

À Marseille, le 8 septembre 2014,
en la solennité de la Nativité de la Vierge.

1. Christine Ray, *Christian de Chergé*, Paris, Albin Michel, 2010, p. 136-137.

Table des matières

Composition et mise en pages
Nord Compo à Villeneuve-d'Ascq

Imprimé en France

par Corlet, Imprimeur, S.A.
14110 Condé-sur-Noireau

N° d'édition : 16035
N° d'imprimeur : 168205

Achevé d'imprimer : octobre 2014
Dépôt légal : octobre 2014